中国宪法文化丛书

丛书主编 陈晓枫

民国时期教学自由权制度与文化结构研究

孟令战 著

WUHAN UNIVERSITY PRESS
武汉大学出版社

图书在版编目(CIP)数据

民国时期教学自由权制度与文化结构研究/孟令战著. —武汉：武汉
大学出版社,2013.11
中国宪法文化丛书/陈晓枫主编
ISBN 978-7-307-11828-7

Ⅰ.民…　Ⅱ.孟…　Ⅲ.教育制度—研究—中国—民国　Ⅳ.G529.6

中国版本图书馆 CIP 数据核字(2013)第 229773 号

责任编辑：郭园园　　　责任校对：汪欣怡　　　版式设计：韩闻锦

出版发行：**武汉大学出版社**　　(430072　武昌　珞珈山)
　　　　　(电子邮件：cbs22@whu.edu.cn　网址：www.wdp.com.cn)
印刷：湖北民政印刷厂
开本：720×1000　1/16　印张：12.75　字数：181 千字　插页：1
版次：2013 年 11 月第 1 版　　2013 年 11 月第 1 次印刷
ISBN 978-7-307-11828-7　　定价：30.00 元

内 容 简 介

    自大学诞生以来，教学自由就是保障学术创新成为可能的中心价值和条件。从观念到制度，教学自由已被确立为大学的基本价值观。民国时期是我国真正接受和践行西方教学自由权观念的时期。这一时期，我国涌现出了蔡元培、梅贻琦、张伯苓、郭秉文、陈垣等大教育家和王国维、陈寅恪、胡适、梁漱溟等教学大师，培养出了杨振宁、李政道、华罗庚、钱学森、邓稼先、钱三强等科学大家和何炳棣、杨联升、任继愈、季羡林等文化大师。本书认为民国大学之所以取得如此辉煌的成就与当时教育学人对"教学自由"理念的传播及信守，教员聘任、招生自主、课程设置自由等制度的构建密不可分。本书的研究对我国教学自由权制度的完善与创新型人才的培养具有重要借鉴意义。

序　言

宪法与文化的交集

相对于诸多历史悠久的法律而言，宪法并不是自古就有的。

宪法产生于一种文化，即"古希腊——罗马——欧美文化圈"的文化。宪法在这种文化中历经历史沉淀，聚合创新，超越原有的文明成果而产生。古代希腊的学者在考察过一百多个城邦政制之后，得出来的结论认为，在一系列的国家法律制度之中，存在着一种最为基础的政治法律原则，并且在这个原则之上，还存在着普遍的、永恒的"自然法则"。这是"基本法"的理念的最为初始的内涵，也是这个概念最为基础的文化底蕴。之后在征战频仍的欧洲中世纪，各城邦国家大多承用了基本法的设计；同时在教会法的遮掩下，自然法的部分理念披着神学外衣也留存沿袭下来。当古代简单的商品经济发展为繁荣的经济贸易和规模化的手工业工场时，不同的经济主体为了确保自己的经济利益，开始在政治上要求参与政权，实现法治。代表这个利益群体的思想家们，格老秀斯、洛克、孟德斯鸠和卢梭，毫不犹豫地扬起基本法理念的旗帜，并将之充分演绎、丰富论证，定准为国家根本法。在基本法这个理念之上，从法效力而论，他们论证存在着一种自然状态，基本法是从中析分出来的社会契约；在基本法自身的构架之中，他们为防止权贵篡改基本法而侵占市民阶层的利益，在其中添加进了人民主权的原则、分权制衡的原则、法治原则和人权原则；在基本法的下位，为了阻止部门法律对基本法僭越而毁损利益安排的秩序，他们添加了基本法效力最高，基本法设置保障，设立合法性审查制度和秩序正义原则。呼应着这些主张和创制的价值理念：民主、自由、平等、人权和传播这些观念的法理学说，风靡了整个欧洲和北美大陆。基本法羽翼丰满，一飞冲天。它聚合了传统的文化理念，超越古代文

1

明成果，生成为宪法，在英、法、美等主要资本主义国家横空出世。

宪法作为海商文明圈文化因子沉淀聚合的成果，自从其创生之始，就包含着与生俱来的文化预设。宪法具有基本法的功能，首先是来自于法律的效力可分为不同层级的理念，即有些法律的效力从属于另外一部法律，当两者的效力在认知上发生冲突时，相冲突的这部分法律因为被识别出来而归于无效。其次，宪法作为根本法，又一方面具有母法的意义，从它的授权中析分和产生出各部门法律；另一方面宪法作为根本法高居于强制性行为规范体系的顶端，监督着各部门法的构建与运行，一旦识别出异己的制度或事件，根本法就启用自身设定的矫正系统，宣告撤销违宪的制度，或者宣告行为违法无效。同时，这个矫正系统不归属于任何一个政党、一个政权或一个领袖，它独立于政权体系之外。宪法虽然独居于众法之上，但却要折服在理性——自然法则之下。在理性原则面前，宪法自身必需是良法，其最根本的特征是，在设置一个权力时，必定设有另一个对它享有审查撤销权的权力；而且它的自身，以保障人权为最终价值归依。最后，除了法律分有层级以外，民主也富有层级。人民的意愿可以在一个层级或几个层级上，经过某一个程序而由被选举出来的少数人来代表，而决定这种实质性权力的关键，是选举程序的正当与真实。

不难寻查出，关于法律具有效力层级的理念，是出自于希腊城邦政制与自然法则关系；关于权力的制衡监督，是来自古希腊的氏族、胞族到合并列部族的规则以及古罗马的库里亚制度；关于基本法律应该并具母法、根本法效力的设定，则来自于欧洲中世纪城邦国家制度的构建；至于通过了选举这道魔咒之后，被选举人的主张就完全可以视同为选举人群体的一体主张，则起自于梭伦设创四百人大会以降，延及于整个欧洲古代、中世纪和近现代史中的政治法律规则。简而言之，这都具有悠久的历史传承和广泛的文化认同。具有这一类想法的民族一定是在古希腊之前更早的历史阶段，就寻找过通过一种妥协，来合并氏族、胞部以至最后走向部族的路径。因为这一类想法的关键之处，就是缺位了一个最终的统一者，大家都在平等的契约主体地位上，来分摊权力。如果把这一类想法归结为文化的话，那么这类文化基因的起点，至少应在一万年之前。

这便是中国人移植宪法研习宪学的难处。

中国的法学人一般疏于理解文化学的原理。他们习惯于将文化理解为文明成果的积累，并在此意义上将之划分为观念文化、行为文化和制度文化；他们不认同文化是整合观念、行为与制度的；不认同文化是价值理念中具有指令作用的观念体系；不认同文化是支配了制度构建、理论特征和实施机制的关键因素。因此，他们把来自一种特定文化的宪法中的基本特征，归结为宪法历史的范畴，是宪法发展中的历史现象；而不去理解无论表层的制度和学说怎么变幻，在深层之中文化基因能以一贯之地支配着宪法。中国法学人中出现的这种现象，表现出他的研究自身就是宪法学说中的一种文化现象，是中国学人在宪法上拒绝与西方文化重构的表现，进而将宪法基因和特征的问题，指称为是历史范畴问题：时间上它已经被超越了。

中国人习宪法治宪学的艰难困苦之处，或就在于忽视了宪法本身是一个文化现象，一个原不属于中华文明圈的文化现象。

中国人以宗法拟制扩族为国。夏有钧台作享，商有景亳之命，周初封邦建国。这种建国方式中，虽然也有诸侯、方伯参与其间的盟、誓、会、享仪式，这些仪式也可以认为是建国的契约，然而显著不同于古希腊罗马的地方，就是这种仪式或契约的目的，在于确定共尊天下的君主，而不是确定权力析分与制约关系。自此往下，秦汉又包吞八荒之后，中国人的法思维中，没有基本法、母法、根本法的概念，一切事物，权制一断于君。法律的形式，律令格式比而已。设想法有位阶的效力层级，再引申出基本法的保障，并对无效法令审查和宣告，设置法定权力，则必设定监督制衡等种种宪法体系构成的要素，因天子君权独大，得便宜行事，都成为构建缺位，且无构建必要的事项了。

中国人自1840年后放眼看世界，开始仿习西方列强。从制夷器，师夷制，习西学，仿西政，最后走向移植宪法。但自仿行宪政开始，中国其实并没有发达的市场经济；没有经济利益的独立主体去寻求制度性安排的诉求；没有社会中各阶层，需按宪法配置的动议。中国人立宪的精力，集中于中国官制改革，央地权力关系，以及救亡图存目的，之后终于指向驱逐鞑虏，振兴中华的建国方略。宪法是自上而下的诏令朱批，是军阀逐鹿之后的册封大典，是党治训政的权力宣言。凡此种种又都是中国法律传统与西宪西学在文化上的悖反。很长时间以来，中国人中的领袖、官员、学人、庶民，都没有意识到移植宪法的根本，是中断中国的法文化传承，并结合宪制自主重构中国的法文化，特别是宪法文化。

但是当文化的表层制度变迁，与深层的理念发生尖锐冲突时，重构是一个必然的规律，并不以人们是否秉持自主意志为转移。中国人用"中体西用"的结构主义智慧，将宪法文化的主要内容，改造成为我所用的体系。其中制度体系逐渐演化成大法虚置的传统典册，权力体系逐渐收集为一元权力至上的传统取向，保障体系逐渐剥离出部门法各自行其是；知识体系则逐渐填充进改造过的新儒学学说。宪法文本渐次浪漫化，甚至有 1923 宪法那样的完美文本；宪法实施则渐次虚置化，中国长期不设置违宪审查的机构。

当这些宪法文化问题被列入研究课题之时，笔者正在宪法学家何华辉先生门下，攻读宪法学的博士学位。学位论文慨然命笔撰为：中国宪法文化研究。十五载春秋，过隙如驹。彼时至今，武汉大学法学院宪法行政法学团队指导的博士论文中，攻研宪法文化方向者，积有三十余篇，内容广泛涉及从社会到思潮，从思潮到制宪，从文本到实施，从权利到权力。论文虽然写作时间不一，但立场基本是一致的：探研中国宪法在文化上的建构。学生离校，各执其业，很多论文在汇集本编丛书时，都已经出版面世了。现有的几部著作，虽不能集全十五年来本校在此专业方向上的论文建设成果，但也分别关涉中国宪法的知识体系问题，主权的大权化来源，中央国家机关的重构，权力的变迁机制，以及部分具体制度上的中国宪法文化重构。寥寥数本，可窥豹斑，大致表达出这个丛书作者们致志达到的认知水平。

期盼这些成果能裨益于中国宪法文化的研究，能够共襄中国宪法研究大业。

陈晓枫

2013 年 6 月 10 日

目　录

导　论

一、问题的由来

我国著名科学家钱学森逝世前，曾发出至今仍牵动着整个中国的"钱学森之问"："为什么我们的学校总是培养不出杰出人才？""钱学森之问"是对长期以来中国人才培养和教育问题的诘问与反思。

钱老的"临终一问"使社会各界把批评的矛头聚焦向了近年来已经"焦头烂额"的中国大学教育。一时间，人们纷纷从各角度和各方位为中国的高等教育进行把脉，例如《香港商报》2010年6月10日就刊出文章说，在今年"两会"前后，把中国大学教育与国足相提并论，讨论它的未来前景，起因是导弹之父临终前的"钱学森之问"——中国大学为什么培养不出有创造力的科学家？这样的讨论不仅关系高等教育，更关乎国运兴衰。文章认为：改革大学行政管理体制，当然不需要像20世纪60年代一样，在大学来一场可怕的极"左"运动，也不可能像剑桥大学和牛津大学一样为了学术独立故意蔑视和疏远政府。只需要取消大学的行政级别制度，裁撤臃肿的管理部门，减少教学和科研活动的行政干预，制订更高的职业准入和退出标准，由德高望重的教授委员会规划和监督学校的业务活动，就能够还大学一个干净、清静和有活力的学术环境，才能够重建曾经有过的学术繁荣和创造能力。

文章还进一步指出：相对于行政管理体制和经济体制的改革，它来自利益集团的阻力和造成的社会震荡要小得多，但它对国家的繁荣与发展所具有的深远意义却毫不逊色。关键要看管理部门的勇气、决心和执行力。改革大学行政管理体制对国家繁荣发展具有深远意义，因此，改革进程的关键是要看管理部门的勇气、决心和执行力。

实际上，我们对这一问题的关注由来已久，只是钱老的"临终一问"，使这一问题得到了集中的暴露，引起了全国各界的极大关注。如前所述，我们长期以来都将我国缺乏创新型人才归结为教育体制的问题，归结为国家对高校管制得太死、太严。

新中国成立后，受苏联模式的影响，我国政府对高校采取计划经济条件下的集权管理，对高校进行直接、微观的管理，面面俱到，高校毫无自主权，在学术研究、学生培养等方面都要服从国家的安排和需要。面对这一状况，1979 年 12 月，复旦大学、同济大学、华东师范大学、上海交通大学等校校长在《人民日报》上发表文章呼吁"给高等学校一点自主权"，从此自主权的话题就提上日程，我国教育学界也开始对大学办学自主权进行大量的理论研究和实践探索。此后，国家也适时颁布了一系列的法律、法规，来保障和支持大学的办学自主权，逐渐给大学松绑，希望为教授们的科研、教学提供一个比较宽松、和谐的环境。

1985 年《中共中央关于教育体制改革的决定》颁布，《决定》指出，当前高等教育体制改革的关键，就是改变政府对高等学校统得过多的管理体制，在国家统一的教育方针和计划的指导下，扩大高等学校的办学自主权，加强高等学校同生产、科研和社会其他各方面的联系，使高等学校具有主动适应经济和社会发展需要的积极性和能力。1993 年《中国教育改革和发展纲要》出台，《纲要》指出，90 年代高等教育要适应加快改革开放和现代化建设的需要，使规模有较大发展，结构更加合理，质量和效益明显提高；并强调，"在政府与学校的关系上，要按照政事分开的原则，通过立法，明确高等学校的权利和义务，使高等学校真正成为面向社会自主办学的法人实体"。

1998 年 8 月全国人民代表大会常务委员会通过《中华人民共和国高等教育法》，该法于 1999 年开始实施。《中华人民共和国高等教育法》第 30 条规定："高等学校自批准设立之日起取得法人资格。高等学校的校长为高等学校的法定代表人。"第 11 条规定："高等学校应当面向社会，依法自主办学，实行民主管理。"第 32 条至第 38 条具体规定了高等学校七个方面的办学自主权"高等学校根据社会需求、办学条件和国家核定的办学规模，制定招生方案，自主调节系科招生比例"。"高等学校依法自主设置和调整学科、专业。""高等学校根据教学需要，自主制订教学计划，选编教材、组织实施教学活动。""高等学校根据自身条件，自主开展科学研究、技术开发和社会服务。""高等学校有权根据国家规定，自主开展与境外高等学校科学技术文化交流与合作。""高等学校根据实际需要和精简效能的原则，自主确定教学、科学研究、行政职能部门等内部组织机构的设置和工资配备；按照国家有关规定，评聘老师和其他专业技术人员的职务、调整津贴及工资分配。""高等学校对举办者提供的财产，国家财政性资助、受捐赠财产依法自主管理和使用。"但是，三十多年过去了，如今的大学仍然没有取得我们预期的办学自主权，高校在创新型人才培养方面仍然没有取得显著的成效，更为可怕的是，有些大学甚至已经丧失了自主办学的愿望和能力。

这些情况的出现，不得不引起我们进一步的反思：为什么国家颁布的提高大学办学自主权的法律、法规一直都得不到切实实施？新中国成立后"大师"的缺乏，仅仅是教育制度的问题吗？这跟我国传统的教育理念有什么关系呢？这跟我们传统的官本位观念有什么联系吗？我们怎么样才能走出这些困境呢？

之所以出现办学自主权落实不力的情况，这与我们对学术自由价值的认识不深有关。学术自由作为大学的核心理念，一直是所有一流大学孜孜以求并赖以立足的最为宝贵的根基。学术自由是大学的灵魂，是最基本的大学精神，是大学能够创造知识、培养优秀人才的最主要动因和保证，是大学的生命。美国耶鲁大学校长理查德·莱文认为："中国大学的本科教育缺乏两个非常重要的内容：第一，就是缺乏跨学科的广度；第二，就是对于评判性思维的培养。"跨学科研究和批判思维正是中国高等教育的短版，更是"学术自由"的本义所在。德国著名教学教育家、现代大学的主要开创者洪堡认为："大学的生存条件是寂寞与自由。这就是'坐冷板凳'和学术自由，国家必须保护科学的自由，在科学中永无权威可言。"哈佛大学前校长博克："当大学履行发展知识的义务时，学术自由是一种基本的价值前提，由于这种意识是大学的基本目标，因而在任何情况下都不能牺牲这种探究和表达的自由。"

这让我们想起著名的教育家梅贻琦的名言，"所谓大学者，非谓有大楼之谓也，有大师之谓也"，大楼对建设世界一流大学是必要的但却不是充分的，是重要的但却不是基本的，因为一流的大学需要一流的学术，一流的学术全靠那些改变学科发展方向的大师，大师辈出则需要宽松的软环境：学术自由。大学充满生机与活力需要有自由争鸣的学术气氛。"学术自由是大学生命的真谛。"① 从某种意义上说，学术自由对提升大学的品位比资金更为珍贵，即使资金对现代大学也不可或缺。

我国古代由于教育管理机构具有很强的政治依附性，教师职业具有官师不分的显著特点，因此没有也不可能孕育现代意义上的学术自由观念，当时学校教育的主要目的是为统治阶级培养接班人。教学自由观念在我国缺乏必要的文化和思想基础，导致我国对学术自由权的立法保护也存在不足。正如有学者指出的那样，"和其他被人道主义理论家们宣称为人权的具体自由一样，统治权力的拥有者倾向于一方面在宪法和法律的一般原则中肯定学术自由，另一方面在具体的法律规则、政策及政治实践中限制、侵犯学术自由"。② 正是缺乏学术自由的观念，这才导致我国高校的办学自主权缺乏必要的内在推力。令人欣喜的是，我党和政府已经开始意识到了这一问题，《国家中长期教育改革和发展规划纲要》把尊重学术自由、营造宽松的学术环境列为高等学校改革和发展的一项重要内容，这是学术自由第一次被写进我国的官方文件。应当说，这对于推进高等教育改革、构建现代大学制度都将具有重要的意义。

以史为鉴，可以明智。我国在抗战的艰苦时期，却培养出来大批的杰出科技人才以及学术大师。以当时的西南联大为例，从 1937 年 8 月到 1946 年 7 月的 9 年中，先后在校学生约 8000 人，毕业的本科

① 朱九思：《大学生命的真谛》，载《高等教育研究》2001 年第 3 期。
② 谢海定：《作为法律权利的学术自由权》，载《中国法学》2005 年第 6 期。

生、专科生和硕士研究生共 3882 人。这段时间西南联大的办学条件
很差，校舍、实验室等同现在简直不能比，如果用"茅屋草舍育英
才"来形容联大的辉煌，一点也不过分：1. 培养了两位诺贝尔奖的
获得者杨振宁和李政道。2. 1998 年，中共中央、国务院表彰 23 位为
中国"两弹一星"做出杰出贡献的科学家，其中有 8 位是西南联大
的师生，他们是：邓稼先、朱光亚、赵九章、郭永怀、陈芳允、王希
季、杨嘉辉和屠守锷。3. 中国的国家最高科学技术奖是中国科学界
的最高荣誉，该奖项从 2000 年开始颁发，至 2005 年有 9 人获此殊
荣，而西南联大的毕业生占了 3 位，他们是黄昆、刘东生和叶笃正。
4. 首批 5 位华裔入选美国国家科学院，其中 4 位都曾是西南联大的
教师和学生：陈省身、林家翘、杨振宁和李政道。此外，还出了很多
文人学者，很出名的如巴金、曹禺、臧克家等，也是那个时代培养出
来的人才。正是由于这些学校自主招生、自主办学，尊重学者们科研
和教学的自由权，即使在那样艰苦的办学条件下，还是能为国家培养
大批的人才。民国时期之所以取得这么大的成绩，与当时的学者、教
育家们重视教学自由具有密切的关系。

民国时期是我国真正引入西方的教学自由思想，并进行实践的关键
时期，我们对民国时期的教学自由权进行研究，通过探析教学自由观在
我国的引入以及发展过程，考察民国时期教学自由权的宪法规定与制度
保障，希望能为我们当代大学教育困境的解决提供一个有益的借鉴。

二、研究现状

民国时期的教学自由权，是一门交叉性学科的研究，过去多为教
育学和史学界所关注，而且对于学术自由的研究也多是结合民国教育
史、民国大学的研究以及大学自治（办学自主权）等进行的。具体
来说，以下三个方面的研究可以为我们的研究提供借鉴。

（一）民国时期教育史的研究

申晓云主编的《动荡转型中的民国教育》是在中国近代社会思
想文化变革的大背景下研究民国教育的一部力作。作者认为制约民国
教育发展的因素主要有三个：传统文化的影响，西方文化的影响和政

治的影响，其中政治因素的介入对民国教育发展的走向起到决定性的作用。作者将民国时期的教育分为两个时期：民初和北京国民政府时期，政府介入较少，教育相对开放，充满活力；南京国民政府时期，国民党加强思想控制，奉行党化政策，"兼容并包"、"学术自由"被视为异端，教育的活力被扼杀。本书为我们研究民国时期教学自由权的状况，教育和政治之间的关系提供了重要的借鉴意义。

李华兴在《民国教育史》中，虽然将1862年至1911年间教育的变革视为由传统向近代的转化期，但研究的重心仍是新式高等教育机构的建立与发展。在专辟一章对整个民国时期高等教育变革所做的描述中，他按照清末民初高等教育的奠基、北大改制与高教革新、抗战前国民政府高等教育的定型、抗战时期高教的发展和战后高等教育的困顿这样的逻辑，将其视为一个相对完整的、由奠基到兴盛再到衰落的独立发展时期。

民国教育史研究的专著有：郑世兴著《中国现代教育史》（台湾三民书局1981）、郭为藩著《中华民国开国七十年之教育》（台湾广文书局1981）、华东师范大学教育系教科所编《中国现代教育史》（华东师范大学出版社1983）、熊明安著《中华民国教育史》（重庆出版社1990）、李桂林著《中国现代教育史》（吉林教育出版社1991）、申晓云著《动荡转型中的民国教育》（河南人民出版社1994）、李华兴著《民国教育史》（上海教育出版社1997）等。在这些著作中，有的（以熊明安的《中华民国教育史》为代表）以历史阶段的演进为纵线，分别论述了南京临时政府时期、北京政府时期、国民政府初建时期、抗战时期和战后败亡时期的教育状况；有的（以李桂林的《中国现代教育史》为代表）将民国教育分成学制篇、教育思潮篇、教育家篇、各级各类教育篇，分门别类地论述了民国教育的发展情况。2001年，河南教育出版社出版了《近代教育和社会变革丛书》，共5本，包括谢长法著《借鉴与融合—留美学生抗战前教育活动研究》、别必亮著《传承与创新—近代华侨教育研究》、商丽浩著《政府和社会—近代公共教育经费配置研究》、刘正伟著《督抚与绅士—江苏教育近代化研究》、阎广芬著《经商与办学——近代商人教育活动研究》，这些著作没有就教育谈教育，而是通过对留美学生、华侨、政府和社会、督抚和绅士以及商人等各种力量在中国教育现代化（近代化）过程作用进行分析，将教育变革和社会变迁联系起来考察。

陈杏林的《抗战时期国民政府的教育政策述论》（《山西师范大学学报》社科版 1995 年第 3 期）、王安平的《抗战时期的国民政府教育》（《四川师范学院学报》哲社版 1996 年第 1 期）和余子侠的《国民政府抗战教育政策的形成及其决策心理》（《华中师范大学学报》人文社科版 1998 年第 2 期）等文章则论述了国民政府在抗日战争这一特殊时期的教育发展情况、教育政策的制定及心理因素。冯增俊的《中国教育制度世纪变革的回顾与展望》（《华南师范大学学报》社科版 2002 年第 1 期）主要对 20 世纪中国教育制度的变革进行了简要的回顾介绍，并对未来的发展趋势作了大致的预测。另外，李华兴的《论民国教育史的分期》（《上海师范大学学报》哲社版 1997 年第 1 期）一文讨论了民国教育的分期问题，他认为，民国教育按自身的发展规律可分为民国教育的创始期（1912—1915）、新文化运动与教育改革期（1915—1927）、发展与定型期（1927—1936）和演进与衰落期（1937—1949）四个阶段；熊贤君的《民国时期义务教育经费》（《教育与经济》1999年第 1 期）一文分析了民国教育经费调拨和筹措的方式方法，指出借鉴民国教育经费在使用过程中的经验与教训的现实意义。

（二）关于民国时期大学的研究

金以林的《近代中国大学研究：1895—1949》是一部以民国大学为直接研究对象的专著。作者考察了近代大学的发展历程以及与社会发展之间的互动关系，介绍了近代大学的不同存在形式。本书引用了大量的论著、教育报刊、大学校史、回忆录等资料，为我们研究民国时期的教学自由权提供了丰富的文献资料。

《中国近代大学创立和发展的路径：从山西大学堂到山西大学（1902—1937）》以山西大学为研究对象，以中国近代大学教育为宏观背景，在廓清基本史实的基础上，努力在"务为前人所不为"方面有所作为。近年来，关于近代大学教育或大学史的（很多是校史）著作并不少见，然而这部书稿的视野、角度和深度使其具有自己的特色和创新之处。其中，浸润着作者经年研究和领悟独得的认识，尤其难能可贵，比如：中国近代大学教育是在中国近代特殊社会历史条件下产生的特殊的社会历史文化现象。中国近代大学直接采借西方近代大学教育的模式，又深受中国传统教育的荫泽，是二者相互影响和作用的结果，不能简单看成完全西化的东西。事实上，中国近代大学教育在初创阶段，在努力学习和借鉴西方和日本大学教育的办学经验和教学模式的同时，始终没有脱出中国传统教育的影响，更没有放弃对大学教育中国化的探索，山西大学堂就是典型的例子。这为我们研究学术自由在民国时期的引入及其发展状况，提供了一个鲜活的个例。

张正峰的《权力的表达：中国近代大学教授权力制度研究》一书，是一部研究中国近代大学教授权力问题的专著，是著者在其博士学位论文的基础上修改完成的。教授权力似乎可以分为性质全然不同的两个方面：一是教授在教学过程中所具有的权力，或者称之为教学权力，如对教学内容的选择权，对教学进度的决定权，对学生考试成绩的评分权等。这些权力是职务内在地赋予教授个人的，虽然也有合理运用和防止滥用的问题，但其合法性基础毋庸置疑。二是在学校管理决策方面的权力，如在学校大政方针和规章制度的制定、校院系领导人选的提名选举或罢免、学科专业与组织机构的设置与变更、学校经费的预算与使用等方面，教授所拥有提议权、决定权或否决权等。这些权力可以称之为教授的校政权力，按照本书的界定，也就是"教授拥有的对大学统治、控制和事务决策的权力"。本书所探讨的，正是这后一种权力。

吴民祥的《流动与求索：中国近代大学教师流动研究 1898—1949》研究中所涉及的人口主要指中国近代大学教师这一特殊群体。通过对这一人口群体流动的分析，揭示其对中国近代大学教育的影响。本书以 1898 年应京师学堂创办作为研究的起点，重点研究以下几个问题：第一，近代大学教师流动的原因；第二，流动的机制；第三，教师的流动对近代大学教师构成、近代大学教育的影响。该书试图打破单纯以时间为线索的线性研究路向,力求以横向分类与纵向线索相结合的研究方法,来研究大学教师的流动与中国近代大学教育这一课题。主要借鉴其中人口学有关人口迁移理论并结合社会学群体研究与个案研究相结合的研究方法。

作者提出了两个理论预设。预设一:近代大学教师的自由流动,对于展示一个人的才华是有促进作用的,也能保持大学教师学术上的活力,有利于产生优势互补效应,有利于开创新的学术领域。预设二:与自由流动不同的是,外在压力下导致的大学教师流动,在很大程度上具有消极作用,特别是战争及政治迫害因素所造成的流动对中国近代大学教育具有很大的破坏性。其中第一个预设,对近代教学自由的发展具有一定的影响。

留美学者苏云峰的姊妹篇《从清华学堂到清华大学(1911—1929)》和《从清华学堂到清华大学(1928—1937)》是对民国时期教育史的个案研究,书中对清华的教授治校、校舍建设、经费来源、教授聘请、学科设置等都有所论述,特别是重点谈到了罗家伦和梅贻琦对清华的学校建设的贡献,书中保留了大量的第一手珍贵资料,这为我们研究民国时期的教学自由权提供了重要的个案参考。

加拿大学者许美德的《中国的大学 1895—1995:一个文化冲突的世纪》,采用比较分析的方法,对比中西的大学制度。她认为1911年以后,传统高等教育体制已经名存实亡,传统的教育观念则一直伴随着中国高等教育的发展历程,但其所设定的现代高等教育的最根本的学术价值观:自治权和学术自由,以及试图用以框定中国高等教育变革过程中呈现的现代化程度,都无一例外地受到了西方思想和文化的影响。其中第二章"民国时期的高等教育",论述了1911年至1949年间,中国对外国高等教育模式的借鉴,指出"只有在这一时期,中国才真正开始致力于建立一种具有自治权和学术自由精神的现代大学"。① 她认为此一阶段"中国大学已经走过了对外来文化的适

---

① [加]许美德:《中国的大学 1895—1995:一个文化冲突的世纪》,北京教育出版社 2000 年版。

应和吸收阶段，这种情形与在德国的学术思想和现代科学研究的双重作用下美国大学在 19 世纪的发展状况颇为相似。当时的中国由于正在经历着一场政治和经济上的危机，因此无论从理论还是实践的角度上说，中国的大学都很难完全地接受欧洲大学的那种学术自由和自治的思想"。① 不过由于这一时期大学"总的来说都有一定程度的学术自由和自治的权力"，这使得大学能够在结合中国传统的基础上，形成自己独特的知识自由和社会责任的大学办学思想与学术传统。

张雁的《西方大学理念在近代中国的传入与影响》，主要内容包括：中国教育的现代化与西方教育理论的传入与影响密不可分。真正具有现代意义的中国大学的产生是在借鉴西方大学办学模式和吸收西方大学理念的基础上实现的，对此，前人已有一定的研究。张雁在已有成果基础上，另辟蹊径，以西方大学理念的传入为新的研究视角，叙述了近代中国大学发展的历程以及西方大学理念影响的演进。通过对德国经典大学理念与美国现代大学理念在近代中国的导入、传播与影响，及当时国内学界对这两类大学理念的选择、调适和融合过程的论述，揭示中西文化教育交流中的中国近代大学的变迁。这一研究路径于既有的研究成果中所未见，于教育史研究有新的拓展和深化。

（三）关于教学自由权的专题研究

西方学者对教学自由权的研究大多是与大学自治、学术自由结合在一起的。学术自治是贯穿整个西方大学发展历程的一个恒久的话题。胎生于中世纪大学的西方大学拥有大学自治的美誉和传统，但这并不意味着在大学自主权方面就不存在问题，实际上西方学者关于高等教育方面的著述都直接或间接地涉及该领域。尤其是当代，高等教育在很大程度上成为一个法人的官僚机构，完全成为或者非常接近国家的一部分，而国家对高等教育部门的权力越来越趋向制度化，变成官僚主义的形式。因此，传统的大学自治遭遇到前所未有的挑战。大学自治和学术自由问题遂成为近年来西方学界关注的一个热点，其著

---

① ［加］许美德：《中国的大学 1895—1995：一个文化冲突的世纪》，北京教育出版社 2000 年版。

述主要有王承绪教授等人翻译的，由浙江教育出版社所出版的高等教育经典著作系列：〔美〕约翰·S. 布鲁贝克著的《高等教育哲学》、〔加〕约翰·范德格拉夫等编著的《学术权力——七国高等教育管理体制比较》、〔美〕克拉克·克尔著的《高等教育不能回避历史》、〔美〕伯顿·克拉克著的《高等教育新论——多学科的研究》、〔西班牙〕奥尔特加·加塞特著的《大学的使命》、〔美〕罗伯特·M. 赫钦斯著的《美国高等教育》、〔美〕德里克·博克著的《走出象牙塔——现代大学的社会责任》、约翰·亨利·纽曼著的《大学的理想》。

此外，哈斯汀（Hastings Rashdall）主编的《欧洲中世纪大学史》、法国的雅克·勒戈夫的《中世纪知识分子》等一大批大学史著对早期大学的学术组织、学术研究的状况以及大学自治的历史进行了回顾。德国学者包尔生的《德国大学和大学学习》勾勒了中世纪至19世纪末德国大学的历史发展脉络，对柏林大学的系科构成、课程设置、科学研究、教学方式，以及德国近代大学理念——学术自由原则的形成等方面作了分析。

国外对中国高等教育改革的研究主要有《国际高等教育政策比较》（弗兰斯·F. 范富格特2002），《中国高等教育改革》（世界银行2001），《高等教育改革与发展的政府文件》　（联合国教科文组织1995）。从内容上看，主要体现为对当前新形势下政府与大学关系、高教政策的变化及对高校结构的影响、政府对大学调控方式的改变、高等教育系统的市场化等方面的研究以及关于中国高等教育改革的一些政策性建议。

国外著名的高等教育思想家在关于大学本质、功能、使命、目的的论著中也对学术自由这一经典大学理念进行了精辟的论述，如纽曼的《大学理想》、布鲁贝克的《高等教育哲学》、威伯伦（T. Veblen）的《美国的高等教育》、卢瑞（S. E. Luria）的《大学的作用：象牙塔，服务站还是前哨阵地?》、克拉克·科尔的《大学的功用》、沃夫（R. P. Woff）的《大学的理想》等。高等教育百科全书分别从学生的学习自由与伦理观、大学自治、学术成就感等几个方面对学术自由进行了阐述。贝德（Hans W. Baade）主编的论文集《学术自由——学者在现代社会中的地位》则以"学术自由的哲学基础、功能、历史"、"美国的学术自由"、"学术自由与忠诚宣誓"、"学术自由与大学校长"、"研究基金对学术自由意味着什么？"等专题分别加以论述。

在国内，1978 年台湾学者周志宏所著《学术自由与大学法》，以德国、美国、日本、中国台湾为主要研究对象，在简要回顾了学术自由的形成、演变及传播的历史过程的同时，力图探索学术自由的内涵是如何因时代、文化与社会背景的不同而演变的历程，并运用比较法学的方法，比较德国、美国、日本三国宪法上学术自由概念，以及如何保障大学自治、教师与学生的学术自由的权利，对台湾的大学学术自由也进行了审视。

周光礼的《学术自由与社会干预：大学学术自由的制度分析》以学术自由为研究对象，以学术自由与社会干预的矛盾冲突为切入点，遵循"寻找现象背后的制度，寻找制度背后的价值取向"的研究进路，探讨学术自由的本质，剖析中国大学学术自由的独特性，阐述学术自由实现的理论依据，力图客观而全面地揭示学术自由与社会干预的矛盾关系，为学术自由的实现提供一条思考的路径。

此外，王英杰著《美国高等教育的发展与改革》、陈学飞主编的《美国高等教育发展史》和《美国、德国、法国、日本当代高等教育思想研究》、别敦荣著《中美大学学术管理》、陈洪捷著《德国古典大学观及其对中国大学的影响》、张应强著《高等教育现代化的反思与建构》、石中英著《教育哲学导论》、眭依凡著《大学校长的教育理念与治校》、卢晓中著《当世界高等教育理念及对中国的影响》、施晓光著《美国大学思想论纲》等著作的有关章节对学术自由进行了研究。而国内也有一批学术工作者将学术自由问题纳入到博士论文的研究范围，如林杰《西方知识论传统与学术自由》（北京大学）、李子江《学术自由思想与制度的变迁——1876—1970 年美国的大学》（北京师范大学），等等。与此同时，还出现了许多与学术自由相关的专题，如教师终身聘任制、美国大学教授协会、美国现代大学的演变等方面的文献。

三、教学自由权概念界定

目前，学界对何为教学自由，教学自由的内容，教学自由的特征等基本概念语焉不详，且多与学术自由交织在一起，不加区分地使用，因此我们首先必须将本书的研究范围和涉及的一些基本概念进行明确的界定。

（一）何为教学自由权

教学自由①是一个颇有争议、也很模糊的概念。目前，学界对教学自由的理解，主要从以下两个角度进行的：第一种主要从学术自由的角度来界定教学自由，认为教学自由是学术自由的一部分。如《美国大美百科全书》（1990 年）将学术自由解释为："学术自由指教师的教学与学生的学习，有不受不合理干扰和限制的权利，包括讲学自由、出版自由及信仰自由。"②《简明大不列颠百科全书》认为："学术自由指教师和学生不受法律、学校各种规定的限制或公众不合理的干扰而进行讲课、学习、探求知识及研究的自由。"③ 王世杰、钱端升在介绍教学自由时，就把其等同于大学教学自由。④ 台湾学者周志宏认为："学术自由乃是为了对抗宗教、政治、经济等学术以外之势力，对于学术研究与教学之侵害，学术自由之所以能明定于宪法上成为基本权利之一，乃是由于多少大学及大学内之知识分子，持久不懈的奋斗所争取的。"⑤ 韩大元认为

---

① 教学自由与教学自由权学界很多时候是混用的，为了行文的方便，本文没有过多对此进行细分。

② 李维主编：《国际教育百科全书》（第 1 卷），贵州教育出版社 1990 年版，第 13 页。

③ 《简明大不列颠百科全书》（第 8 卷），中国大百科全书出版社 1986 年版，第 726 页。

④ 参见王世杰、钱端升：《比较宪法》，商务印书馆 1999 年版，第 108～109 页。

⑤ 周志宏：《学术自由与大学法》，蔚理法律出版社 1989 年版，第 303 页。

德国法上的学术自由"属于精神自由的范畴，通常是指形成、发表、讲授思想及学说体系的自由以及达到此目的的手段自由。广义指一切学术研究及其发表、讲授自由；狭义指高深学术研究、高层次教育机关的自由，特别是大学自由"。①

另外一种观点则试图直接给"教学自由"下一个定义。例如马凤歧认为："教学自由包括教师选择'教什么'和'如何教'的自由，其中包括教师对学生学习评价的自由，也包括教师在一定限度内惩戒学生的自由。"② 石中英则认为："教师的教自由主要包括：理解教学目标的自由；选择和使用教材的自由；选择和编辑教学辅导材料的自由；组织和管理课堂教学的自由；选择合适教学方式、方法或手段的自由；在教学过程中进行教学评价的自由；参加教学科研的自由；参与各项教学制度制定的自由；维护教学秩序的自由；按照自己的理解讲解教学内容的自由。"③ 日本学者则多认为教学自由是一种"职业自由"，他们认为教育虽然不只是教师的行为，但是教师的教学自由是客观存在的，教育的内部事务是属于教师的权限范围的，因而要求教育行政"不应干预教育内容，在教育外部提供维护与健全教育的各种条件"。④《德意志联邦共和国高等教育总法》规定："教学自由（见德国联邦基本法第 5 条第 3 款第 1 句），主要包括在各自的教育任务范围内开展教学活动，确定教学内容和方法，包括发表科学艺术方面的学术观点的权利……"⑤

----

① 韩大元主编：《外国宪法》，中国人民大学出版社 2000 年版，第 253 页。

② 马凤歧：《自由与教育》，北京师范大学出版社 2006 年版，第 193 页。

③ 石中英：《教育哲学导论》，北京师范大学出版社 2002 年版，第 279 页。

④ 文部省教育法令研究会：《教育基本法的解说》1947 年版，第 131 页，转引自日本筑波大学教育学研究会编：《现代教育学基础》，钟启泉译，上海教育出版社 1986 年版，第 443 页。

⑤ 杭州大学中德翻译情报中心选译：《联邦德国及巴伐利亚州高等教育法规选编》，杭州大学出版社 1991 年版，第 19 页。

　　学者们对教学自由理解的分歧，主要是因为他们忽略了"教学自由"是一个发展的概念。教学自由内涵的演变、分裂是与大学功能的变迁密切相关的。董任坚在 20 世纪 30 年代就指出现代大学的功能主要有三种：研究高深学术、教授学生和养成各种专长。① 传统大学跟中小学的功能是一致的，就是保存知识、传授知识，教学自由的概念是统一的。它的转变始于德国近代大学的变革，完成于"现代大学之母"柏林大学的成立。

　　柏林大学的创立者，被誉为"德国教育之父"的威廉·冯·洪堡，明确提出了教学与科学研究相统一的办学思想。他主张"大学的主要任务是追求真理，科学研究是第一位的。没有科学研究，就无法发展科学、也不能培养出真正的科学人才"。② 他进而认为"大学教学必须与科研结合起来，只有教师在创造性的活动中所取得的研究成果，才能作为知识加以传授，只有这种'教学'才真正称得上大学教学或大学学习"。③ "教学必须不是按规定的顺序进行，而是以教和学的自由的观点进行。目的不是百科全书式的信息，而是真正的科学文化。"④

　　这不仅拓展了大学的功能，从此以后传统大学单一的传授、保存知识的功能为传授知识与学术研究的双重功能所取代，而且也丰富了教学自由的内涵，教学自由从此与研究自由紧密地联系在了一起。如萨孟武先生就认为，研究自由是讲学自由的基础，讲学自由不过是将研究心得在讲台上传授学生。⑤ 教学自由与研究自由完美地统一在学术自由这一概念中。

---

　　①　参见董任坚：《大学教育论业》，新月书店 1932 年版，第 114～115 页。
　　②　贺国庆：《德国美国大学发达史》，人民教育出版社 1998 年版，第 47 页。
　　③　贺国庆：《德国美国大学发达史》，人民教育出版社 1998 年版，第 47 页。
　　④　［美］伯顿·克拉克：《研究生教育的科学研究基础》，浙江教育出版社 2001 年版，第 8 页。
　　⑤　萨孟武：《中国宪法新论》，台湾三民书局 1988 年版，第 100 页。

　　由此可见，大学阶段的教学自由的内涵随着大学办学理念的更新、功能的丰富而发生了根本的改变，这使它同中小学阶段的教学自由产生了根本的分离。在大学，学生具有一定的批判能力，因此，教师将自己的研究成果作为教学内容，合乎"教学与研究相结合"的大学理念。而在中小学校，学生欠缺批判力，所以，"须针对其身心之教育，考虑其理解能力，以逐步充实其公民普通基础知识为教育之本旨，并以教学内容之等质化为实现教育机会均等之要求"。① 由于教学自由概念的分裂，因此我们很难给教学自由下一个统一的定义。本书所说的教学自由专指大学的教学自由。②

　　（二）为何是教学自由

　　由上可知，现代大学基本上都是"科研与教学"相统一的研究型大学，进而教学自由也都被统摄在学术自由之内了，那么在本书中，我们为什么要特别强调民国时期的"教学自由"呢？这主要基于以下几点认识：首先，我们必须重新审视大学最原初的功能，更加重视教学自由。自从柏林大学成立之后，以科研为重心的研究型大学成为世界的主流，虽然这推动了学术研究的发展，但也在一定程度上忽略了大学的教学功能。其次，我们强调教学自由，更有利于创新型人才培养的可持续发展。大学偏重科学研究，更多的只是服务于"现有的科学家"。只有教学才能培育出未来的科学家、学术大师。只有大力提倡教学自由，才能促进创新型人才培养的生生不息，才能实现一个民族创新精神的长久不衰。最后，民国时期的大学提供给我们的更宝贵的遗产是教学自由方面的。一方面，民国时期的大学所面临的最迫切的任务是，如何在落后挨打的情况下，保留传统文化，传授中西方知识，培育下一代，因此，教学是这一时期大学的工作重心。另一方面，从当时民国政府教育部颁布的关于大学办学宗旨来看，其大多数时期都是更注重大学的教学功能。例如 1912 年 10 月

---

　　① 董保城：《教育法与学术自由》（初版），台湾月旦出版社股份有限公司1997 年版，第 259 页。

　　② 为了行文的方便，以下本书所说的教学自由皆是指大学的教学自由。

22 日，教育部公布的《专门学校令》就规定："专门学校以教授高等学术、养成专门人才为宗旨。"同时公布的《大学令》也是规定："大学以教授高深学术、养成硕学闳材、应国家需要为宗旨。"南京国民政府成立之后，于 1929 年 7 月颁布，并在 1934 年 4 月修正公布的《大学组织法》规定大学应"以研究高深学术养成专门人才"。1948 年国民政府颁布的《大学令》规定："大学依中华民国宪法第158 条之规定以研究高深学术养成专门人才为宗旨。"由此可见，民国时期国家一直都将大学的教学功能即人才培育功能放到很重要的地位。

第一章 民国时期教学自由权思想的缘起与发展

第一节 中国古代教学自由权思想概述

一、中国古代教学自由权观念存否的争论

溯本追源是我们进行科学研究时，常用且行之有效的一种方法。在讲究"慎重而追远"的中华民族，这种方法尤被重视，被历代学者奉为分析社会现象、发现社会规律、寻访救世良药的"万能钥匙"。从源头上分析社会现象，有利于我们分析和解决问题。其一，它有利于我们从繁芜复杂、千头万绪中，理清其生长之脉络，梳理出有规律性的东西，进而明晰其本质，提出应对之策；其二，如同物体的运动要遵循"牛顿第一定律"一样，社会的发展也呈现出类似的规律，即它要受到"社会惯性定律"的制约。在社会领域，这一定律影响十分广泛，存在诸如体制惯性、制度惯性、文化惯性、人际惯性等诸多惯性现象。因此，我们对研究对象的追根溯源，不仅能够利用"社会惯性定律"，探寻到其产生和变化的缘由，而且可以对该事物的未来发展趋势作出科学的预测，进而为国家社会制度的制定和调整提供理论指导。此外，这一方法也符合人类思维习惯，尤其是与中国传统的"好古"的民族心理暗合，利于我们的研究方法、结论等被广大民众接纳。

因此，我们在研究民国时期的教学自由权时，有一个问题是我们所无法回避的，且必须弄清楚的，那就是"中国古代是否存在教学（学术）自由"。回顾以往的研究成果，我们发现学界对这一问题争论颇多。总体来说，主要有以下几种不同观点。

第一种观点认为中国古代存在学术自由的观念，持这一观点的主要是研究中国教育史的学者们。20 世纪 80 年代初期，孙培青在《学术自由的稷下学宫》一文中，即明确得把稷下学宫的基本特征总结为学术自由。他主要从以下几个方面论证的：其一，稷下学宫充分利用游学这种方式来开展教育活动，"容许有学与教两方面的自由，一方面是学生可以自由寻师求学，一方面是教师可以自由招生到处讲学"。① 其二，稷下学宫"实行较开明的文化教育政策，各家各派尽管有不同的政治主张和相反的学说，都可以在稷下学宫讲学"。② 其三，稷下学宫允许学者们自由辩论，而不会因言而获罪。其四，在制度建设方面，稷下学宫为了使学士们能够不受俗务的影响，集中全部精力进行讲学和理论探讨，实行了"不治而议论的制度"，即由国家向他们提供了丰厚的政治和物质待遇，而又不让他们从事具体的政务，从而使其能够专心的以精神劳动为务。③ 毛礼锐等在《中国古代教育史》一书中，也认为春秋时期的"百家争鸣"中蕴含了学术自由的因子。④

第二种观点则认为中国古代不存在"教学（学术）自由"的观念。清末民初的一些较早接受西方思想启蒙的思想家多持此观点。他们认为中国古代没有滋生学术自由思想的土壤，产生不出西方近代意义上的学术自由思想。作为最早接受和传播西方思想的学者之一的严复就认为："夫自由一言，真中国历古圣贤之所深畏，而从未尝立以为教者也。"⑤ 陈独秀认为"中国学术不发达之最大原因，莫如学者

① 孙培青：《学术自由的稷下学宫》，载华东师范大学学报（教科版）1981 年第 12 期。
② 孙培青：《学术自由的稷下学宫》，载华东师范大学学报（教科版）1981 年第 12 期。
③ 参见孙培青：《学术自由的稷下学宫》，载华东师范大学学报（教科版），1981 年第 12 期。
④ 参见毛礼锐、瞿菊农、邵鹤亭编：《中国古代教育史》，人民教育出版社 1983 年版，第 74 页。
⑤ 刘军宁等编：《自由与社群》，三联书店 1998 年版，第 1 页。

自身不知学术独立之神圣"。① 梁启超也认为中国传统学人缺乏"为学术而学术"的品格,因而难以形成教学自由的观念。近代著名学者胡适认为,中国古代的学术机构中没有学术自由,科学研究之所以起源于欧洲,是因为欧洲的大学不是政治制度的一部分,而中国的大学却是文官考试制度的一部分,与政治制度联系太密切,它直接导致了近千年来我国大学没有固定的继承性。② 因研究近现代中国大学而闻名于世的加拿大学者许美德,通过对中西方大学教学思想的比较研究,也做出了"在中国的传统中既没有自治权之说,也不存在学术自由的思想"③ 的结论。

还有一种比较折中的看法,就是认为中国古代没有我们现代意义的学术自由,但却不乏学术自由的事件。周光礼就认为"中国古代没有近代意义上的学术自由理念,也没有大学自治制度,但是学术自由的事例却不乏存在。如书院的确有自由讲学的传统,在某些历史时期甚至还有相当突出的表现。但就总体而言,学术自由是脆弱的,时断时续的,在国家的强力干预下,学术自由从未上升到制度层面"。④ 许美德也承认"在书院历史发展的一些特定时期内,书院里的学者却拥有十分广泛的学术研究的自由"。"总的来说,中国传统学术研究的状况,是同欧洲大学的学术自由完全不同的。一方面,学术上的权威甚至于延伸到了整个帝国秩序之中;而另一方面,学术自由的风气也时断时续地向那种学术专制提出正面挑战。"⑤

前两种观点,各从一个侧面反映了中国古代学术自由的一种状

---

① 杨东平编:《大学精神》,辽海出版社 1999 年版,第 122 页。
② 胡适:《在北大工学院四十四周年纪念会讲话》,见《胡适学术文集·教育》,中华书局 1998 年版,第 265~266 页。
③ [加]许美德:《中国大学 1895—1995:一个文化冲突的世纪》,许洁英译,教育科学出版社 1999 年版,第 9 页。
④ 周光礼:《学术自由与社会干预——大学学术自由的制度分析》,华中科技大学出版社 2003 年版,第 140 页。
⑤ [加]许美德:《中国大学 1895—1995:一个文化冲突的世纪》,许洁英译,教育科学出版社 1999 年版,第 1 页。

态。下面我们就从当时的中国古代的学校及私人教育状况，来进行判断当时是否存在教学自由权状况。

二、中国官私之学与教学自由

在全世界所有的国家中，中国是唯一的有长达几千年的延续不断的教育传统的国家。① 但是，中国古代长期以来都是政教合一的国家，教育作为政治的婢女，其教学的内容、教学的目的、教学的手段等都直接或者间接的服务统治集团的政治需要，必须符合官方的政治哲学，否则就会失去其生存的土壤，甚至会受到官方的残酷打压。这导致中国传统教育格局的突出特点："一是高度的政教合一，教育政治化"；"二是以儒学作为学校教育的唯一知识范围和道德准则"。②在这种情况下，教学毫无自由可言，教育很大程度上只是为官府培养其政治接班人，向被统治者灌输顺从观念的工具。当代学者马凤岐在《自由与教育》中认为：春秋战国时期"形成百家争鸣、处士横议的局面，成为我国古代学术史上最为蓬勃、学术最为自由的时代。"③只是由于秦统一天下之后，禁私学讲学，焚书坑儒，实行"以吏为师"等政策，严重打击了教学自由的发展。显然他也认为我国古代存在教学自由，只是这种自由经常受到打击和压制。

中国传统的教育，从组织机构来看，主要分为官学和私学两种。从某种意义上说，中国古代的教育史就是一部官学、私学相互斗争、借鉴、融合的历史。按照官学、私学在国家教育体制中地位的变更，我们可以把我国古代的教育史分为以下几个阶段。通过这种划分，我们可以更明晰地考察教学自由权在我国古代的存续状况，更好地探究产生这种状况的原因。

（一）官学独尊的时期

从古籍中的记载来看，夏代已经有了关于官学的传说。如古籍记

① 季羡林：《论书院》，载朱汉民、李弘祺主编：《中国书院》，湖南教育出版社 1997 年版，第 1 页。

② 李华兴：《民国教育史》，上海教育出版社 1996 年版，第 23 页。

③ 马凤岐：《自由与教育》，北京师范大学出版社 2006 年版，第 48 页。

载有："夏后氏之学在上庠",① "序,夏后氏之序也",② "夏曰校"③ 等。孟子曾作过解释道:"庠者,养也;校者,教也;序者,射也。"④ 这说明夏胡承有虞氏而设立的庠学,是养老与教育兼施的机构。"校"原为"木栅栏",是用来养马的地方,后演变为操练或军士比武演习的场所,是为了军事训练的需要而设立的。"序"本为练习射箭打靶的地方,因此只有东西墙而没有房屋,显然它也是为军事目的而设立的。由此可见,"夏代的庠、校、序,虽不能说是真正传授文化知识的机构,但也应该说是一种进行伦理教育和军事训练的场所,这已接近于古代学校的性质"。⑤ 我国官学出现雏形的时代是在商代。其在继承夏代的庠、校、序的基础上,又增加了一种新的学校形式——"瞽宗"。教育的对象主要是贵族子弟,学习内容以文化知识、武艺、乐舞、礼仪等为主,在天文、历法方面也有所涉猎。而教师则由巫师、乐师或者国家职官充当。

　　西周官学分为国学和乡学两类。国学又分大学和小学两级,乡学则分为"庠"、"序"、"校"、"塾"等。《礼记·王制》记载,"小学在公宫南之左,大学在郊,天子曰辟雍,诸侯曰泮宫"。当时大学的教学内容以礼、乐、射、书为主,而小学则多注重学生道德行为准则的培养和生活技能的训练。教育对象依然以贵族为主,平民是很难得到进入官学学习的机会的。西周时期,教师也都是由官吏兼任的,官即是师,师即是官。当时作为朝廷重臣的国太师、太保、太傅,也是帝王的老师。

　　由此可见,由于先秦时期形成了"学在官府"的教育体制,国家对教学的各个方面都进行了严格的控制,不仅普通民众没有受教育的权利,而且教师们也没有选择讲授内容、教学方式、教学对象等的

---

① 《礼记·礼仪》,郑玄注。
② 《礼记·名堂位》。
③ 《孟子·滕文公上》。
④ 《孟子·滕文公上》。
⑤ 郭齐家:《中国古代学校》,商务印书馆1998年版,第13页。

权利。下面我们以西周为例，来解析一下国家对教学的控制状况。

1. 教师任命权、人事管理权等都掌握在官府手中

章学诚对此有一段精辟的论述，"是居官之人，亦即教民之人也"。① 这就造成了官师不分的现象，即当时的教师既是政府的官吏，也是教育管理者，还承担着教学的任务。作为帝王之师的太师、太保、太傅，同时也是国家的重臣。《大戴礼记·保傅》对此记载到："昔者周成王幼，在襁褓之中，召公为太保，周公为太傅，太公为太师。保，保其身体；傅，傅之德义；师，道之教训。此三公之职也。于是为置三少，皆上大夫也，曰少保、少傅、少师，是与太子燕者也。"② 在国学和乡学中，既是教职又是官职的现象还很多，在国学中有大司乐、乐师、保氏等，在乡学中有乡大夫、州长、官正、党正等。

在这种情况下，教师本身的官吏身份，使得教师的任命权、人事管理权牢牢掌握在官府手中，只有那些教学内容、教学方式符合官方哲学的教师才会受到官府的任用和提拔。这样，官方就在选择"谁来教"这一进口上，挟制住了教学自由。

2. 招生选拔权亦由官府垄断

西周时期，大学的招生选拔方式主要有三种：第一种方式是通过乡、遂大夫的举荐，而选出"国之俊选"。③ 第二种是直接从国学的小学中招收学生。第三种为"岁举"，即地方诸侯每年按规定向朝廷举荐有用之士。

在这三种方式下，招生选拔权都牢牢控制在官府手中。第一种方式，举荐权属于地方乡、遂大夫，而他们又都是中央在地方任命的官吏，这样什么样的学生才能够被举荐进入大学学习，就被官府掌握了。第二种方式，由于国学小学的生源多是"王大子，王子，群后

---

① 孟宪承：《中国教育史资料》，人民教育出版社 1961 年版，第 13 页。

② 《大戴礼记·保傅》。

③ 《礼记·王制》。

之大子，卿大夫、元士之适子"① 之类，而大学的学生只能从这些人中产生，这样他们的选拔权实际上也被控制在官府手中了。第三种方式，诸侯实际上就是该地区的实际统治者，也是属于官府势力的一部分，而且诸侯举荐之人能不能进入大学学习，还需要经过相关政府机关的同意。

3. 教学内容、方式受官府控制

西周官学的教学内容以"六艺"为主，《周礼·地官》载有：大司徒"以乡三物教万民而宾兴之：一曰六德，知、仁、圣、义、忠、和；二曰六行，孝、友、睦、姻、任、恤；三曰六艺，礼、乐、射、御、书、数。"② 其中，"礼"又是官学教学中最为重要的课程。"贵族子弟学会了'礼'，在政治活动、外交活动及道德生活中，行动才会合乎规范，站稳贵族的立场，显示贵族的尊严，有利于任官和治民。"③

其他课程的教学目的也大抵如此，如"乐"教就不是纯粹的艺术教育，它包括乐德、乐语和乐舞三项内容。乐教与西周强调"德政"的国策密切相连，即所谓"声音之教，与政通矣"。④ 也就是说，西周的乐教是为其政治服务的，具体来说，乐教的内容要符合其"亲亲"、"尊尊"的治国指导思想，要利于向学生灌输"中和、孝友"等道德观念。由于西周官学的教育目的是为统治阶级培育合格的接班人，而教学内容又必须符合该宗旨，所以西周统治者对教学进行了严格的控制。

由此可见，在先秦官学里，教师的选择、教学的内容、教学的对象等都完全由国家限制和规定，教学目的也主要是为国家培养治术之才而服务的，因而这一时期没有教育自由，更不可能形成教学自由权

---

① 《礼记·王制》。

② 《周礼·地官》。

③ 李国钧、王炳照总主编：《中国教育制度通史》第1卷，山东人民出版社2000年版，第77页。

④ 《礼记·乐记》。

观念。正如章学诚所言："有官斯有法，故法具于官。有法斯有书，故官守其书。有书斯有学，故师传其学。有学斯有业，故弟子习其业。官守学业，皆出于一，而天下以同文为治，故私门无著述文字。"①

（二）私学兴盛的时期

春秋战国是"礼崩乐坏"社会大动荡的时代，同时也是教育巨变的时代。由于周室衰微，诸侯争霸，社会动荡，原有的"学在官府"的教育体制开始动荡，教育界出现了一些新的变化。也正是这一巨大的变革，第一次使教育从"官府"中分离出来，使教师成为独立的社会阶层。② 这一时期，官学日趋衰落，私学却逐渐萌芽、发展、兴盛和完善。私学的发展产生了百家争鸣的局面，百家争鸣又促使了私学的壮大与兴盛。当时，私学的发展是与学派密不可分的，"一家私学就是一个学派，学派是一种特殊的教育单位，是传授共种独特的理论、方法或技艺的单位。"③

私学的兴盛，使得这一时期的教学内容、教法方法、教学对象的选择等都呈现出多样化的特点。从教学内容上来看，各教学主体是以传播、弘扬本派的学说、主张为宗旨，在教材的编写和选用、教学内容的厘定方面具有一定的自主权。例如，孔子为了宣传儒家主张，在其40多年的教学生涯中，搜集了大量的历史文化材料，整理、编著成"六经"，作为教学的主要内容。相对于儒家，墨家的教学内容更加广泛，它除了讲授墨家的经典著作之外，还"重视自然科学知识的传授，最早以定义、定律的形式，用精确的术语说明自然现象及其规律，并且发明了用实验的方法来研究和证明自然现象及其规律。同时把这方面的发明和创造引进了教学领域"。④

---

① 章学诚：《文史通义校注附校雠通义》，中华书局 1985 年版，第 3 页。

② 王志民、黄新宪：《中国古代学校教育制度考略》，首都师范大学出版社 1996 年版，第 15 页。

③ 吴霓：《中国古代私学发展诸问题研究》，中国社会科学出版社 1996 年版，第 16 页。

④ 郭齐家：《中国古代学校》，商务印书馆 1998 年版，第 60 页。

从教学方法来看，因各学派思想主张的不同，而有所差别。例如墨家和儒家都奉行因材施教的原则，但是他们又有很大的差异："儒家孔子多因人的素质和心理品质的差异来施以不同的教育，这与儒家一贯重人德的思想有关。而墨家墨子则多强调从事的内容，这主要是他特重从事和功利的缘故。"①

从招生对象来看，各教学主体也具有一定的选择自由。例如孔子创立私学后，即奉行"有教无类"② 的原则，在招收学生时只要："自行束修以上，吾未尝无诲焉。"③ 就是说：只要拿出十条干牛肉作为见面礼，孔子就可以招收他做学生。墨家私学的招收对象，比孔子更接近下层：其一是以先行苦役为入学条件；其二是以吃苦耐劳的实践精神作为招收学生的唯一标准。④

由上可见，这一时期的私学在教学课程设置、教学方法运用、招生对象选择等方面，可以免予官府的干涉，根据自己学派的教学目的、学说主张等自由安排。因此，他们取得了一定程度上的"实质上的教学自由"。但是，这种"教学自由"的取得是被动的，且是没有制度保障的。

这是因为，一方面，"教学自由"的取得不是各学派主动争取的，他们本身也没有西方中世纪大学兴起时所具有的权利意识，他们之所以取得"教学自由权"，是因为当时"王室"失去了对教育的控制，没有能力将教育资源都垄断在官方手里，甚至在兴办官学方面都逐渐无暇顾及，各诸侯则需要借助民间的力量来兴办学校，为他们提供争霸所必需的人才。这样，官方就在客观上给私学的发展提供了一定的自由空间。另一方面，这种"教学自由"没有官方的法律或制度上的保障，它没有西方大学所拥有的"特权状"，取得官方的认

---

① 王炳照、阎国华主编：《中国教育思想通史》第 1 卷，湖南教育出版社1994 年版，第 194 页。

② 《论语·卫灵公》。

③ 《论语·述而》。

④ 李国均、王炳照主编：《中国教育制度通史》第 1 卷，山东教育出版社2004 年版，第 133 页。

可，而仅仅是因为官方没有精力来管理，而暂时取得的一定的自由。当统治阶级对政权的掌控增加之后，他们就会对加强对私学的管理，采取直接规定或间接引导的方式，使私学的教学内容、教学目的等符合其统治的要求。这也就导致了虽然汉代之后，私学取得了长足的发展，但是教学自由权观念却没能萌发。

（三）官、私学并存的时期

秦代在"焚书坑儒"之前，官学和私学都是存在的，而且还建立了对以后社会广有影响的官学——博士制度。"焚书坑儒"之后，开始取缔私学，奉行"以法为教"、"以吏为师"的教育专制政策。除了政府设置的博士可以为师外，严格限制任何形式私学的存在。秦代的教育专制制度，进一步钳制了人们的思想自由，也加速了它的灭亡。

汉代建立之后，吸取了秦代的教训，建立了官、私学并举的教育制度，这一做法也被以后封建各朝延续了下去。汉代以后，官学分中央官学和地方官学两类。中央官学主要有太学、国子馆、四门学、广义馆等专修儒学的主干学校。此外还有一些专修算学、律学、医学、天文、历算、武学等的专门学校。地方官学主要按行政区划设置。以汉代为例，郡国设"学"，县道邑设"校"，乡设"庠"，聚设"序"。唐代地方学校除了学习儒家经典的州府县学以外，各州府还设有医学及崇玄学。①

总体上来说，官学的教学内容、教学方式、招生对象等都受到官方严格的控制。从教学内容来看，当时统治者为了更好地维护其统治，在官学内大力推行其官方哲学——儒学教育，与儒学教义相冲突的学科是坚决被取缔的，那些纯技术学科如医学、算学、天文学等得不到重视，发展比较迟缓。从招生对象来看，官学的入学资格是受到严格控制的。以唐代为例，中央六学的学生都由尚书省依品级的高下补入学习，《新唐书·选举志》说：国子学以文武三品以上国公子孙

---

① 杨少松、周毅成编著：《中国教育史稿（古代、近代部分）》，教育科学出版社1989年版，第104页。

为之，太学以武官五品以上及郡县公子孙为之，文武七品以上低级官员的儿子入四门学，八品以下低级官员的儿子及庶人之通其学者进专科学校。由此看见，在该时期的官学里，不仅教学自由是不存在的，而且教学自由观念也是无法萌发的。

汉代以后，吸取了秦代的教训，各朝代都比较重视发展私学。汉代的"书馆"、"精舍"、"精庐"、"经馆"已经具有较为固定的教学场所，比先秦的私学取得了很大的进步。唐代"书院"的出现，表明中国古代私学发展到了制度化、正规化阶段。虽然此后"书院"也经历了官学化的考验，但是私人办学仍是其主流。相对于春秋、战国时期的私学，"书院"的制度化程度更高，而且"教学自由"也在一定程度上得到官方的认可或授权。

从书院经费的管理权来看，"从总体上讲，有一个由民到官，再由官移交于民的变化过程"。① 唐、五代、宋代的书院经费多来源于民间，其经费管理权不操于官府，而由书院或者投资者所有。宋元之际私学官学化的过程中，官府逐渐设立钱粮官、司计、百学等职官专门管理书院的钱粮。但是，书院的经费管理权收归官府，却造成了"廪稍不足者，士既无养；廪稍有余者，只益县胥"的"弊政"。② 明清时期吸取了这一教训，"学官与山长始渐分为二，士子约束责之学官，书院训课专之山长，职其总者则州县官也"，③ 书院的经费管理权也从官府从新归于民众。由此可见，在历史上的大多数时期，尤其是私立的书院中，经费的管理权都是独立于官府，可以由书院自由支配的。

从教学内容来看，相对于官学来说，书院的教授范围比较广泛，除儒学外，百家学问都可为学。如：何涉，所至多建学馆，劝诲褚生，从之游者甚众，"上自《六经》，诸子百家，旁及山经、地志、

---

① 陈谷嘉、邓洪波主编：《中国书院制度研究》，浙江教育出版社1997年版，第379页。

② 元·程钜夫《长庚书院记》，载民国《湖北通志》卷五十九。

③ 清·戴锡纶：《书院跋》，见《直隶南雄州志》卷十四。

医卜之术，无所不学"。① 书院除了采用经典著作以外，还采用讲授教师的讲义、语录、注疏等作为教材。书院的教授方式也比较灵活，除了教师讲授之外，还重视学生的自修和讨论。所以，书院在教学方式、教学内容等方面都享有一定的自由。

我们认为，虽然"教学自由"在书院发展的初期，得到了行内学者们的多数赞同和认可，且得到了官府一定程度的许可，甚至赞许，但是这种"教学自由"是不稳定，且是极其有限的。统治者可以根据自己统治的需要，而任意对私学中的教学内容进行限制，公开禁止某些知识的传授。如北宋开宝五年（公元972年），宋太祖明令："禁玄象器物，天文、图谶、七曜历、《太乙》、《雷公》、六壬遁甲等，不得私藏于家，有者并送官。"② 此外，他们还采用书院官学化的手段控制书院，例如派官员管理书院，国家出资兴办书院等。通过科举制度控制私学的教学自由是统治者最有利的一种手段。徐复观先生就认为科举制度"把士人与政治的关系，简化为一单纯的利禄之门，把读书的事情，简化为一单纯的利禄"。③ 知识分子失去了独立的人格，对"官位"的追求成为他们最高甚至唯一的旨趣。书院的教学只有满足这一要求，才能够存续下去。据此，科举考试通过对考试内容的规定，考生资格的限定等，轻而易举的扼制了书院的"教学自由"。

在书院的教学内容和学生培养目标的设定上，仍然主要是服从科举考试的需求，这同官学相比，并无二致。教师及教管人员之薪俸均由国家依官阶高低而拨给，与各学校的经费开支无关，即唐代教师薪俸不是通过把教育经费拨给学校之后，再由学校去分配的。

由上可知，我们认为中国古代教育学人缺乏教学自由的自觉，他们教学（教育）只是为了实现其"治国"、"修身"等目的，不存在为

---

① 《宋史·何涉传》。

② 《续资治通鉴》卷七。

③ 徐复观：《中国知识分子的历史性格及其历史命运》，见许纪霖编：《20世纪中国知识分子史论》，新星出版社2005年版，第69页。

"学术而学术"的观念。这种只是将教学作为手段的一种看法，使得他们在受到官方的政治招安或者压制的时候，往往会不自觉的投降。他们不会主动要求教学的内容、方式等同官方、宗教等隔离开来，这不仅不会成为他们的要求，甚至取得官方的赞许，成为官方的统治哲学是他们的最高追求和最大荣耀。不管是春秋时代的"百家争鸣"，还是汉武帝时代的"罢黜百家"，抑或宋明时代的"理学"，他们的"胜利"都是向官方投降的结果。在这样的社会和政治环境下，教学自由的观念自然不可能成为教育学人们的自觉的追求和观念。

从当时的官、私学的存续状况和制度保障来看，教学自由权制度是支离破碎的、暂时的、偶然的。官学作为政府"教化万民"、宣扬官方"统治哲学"的工具，从它建立开始就同政府紧密地联系在一起，其教学内容、教学方式、选拔人才的方式、教师的选任、毕业生的流向等都受到政府的严密控制，教学毫无自由可言。私学虽然在中国古代的某些历史时期、某些地区曾经拥有过一定的教学自主权，例如春秋时代的"百家争鸣"时代，涌现出了儒、法、墨、道、纵横家、农家等多种学说派别和教学团体，他们的教学方式灵活多变，教学上鼓励争辩，允许不同观念的产生和传播，例如儒家就有"战国八儒"之称，招生上也不再局限于贵族，如孔子的弟子来源就十分广泛，选材标准也是依照其"因材施教"，人才培养的需要，但是这种"教学自由"产生的原因仅仅是统治阶层无暇顾及，国家在制度上、特别是法律上并没有对教师们的教学自由权利进行规定。所以，当统治者需要加强思想控制的时候，他们就会对教学进行"强力整顿"和统一，教师们的"教学自由权"就会受到剥夺。如秦始皇的"焚书坑儒"，汉武帝的"罢黜百家"皆是如此。

因而，我们认为中国古代虽然在短暂的历史时刻、特殊地区，存在着实然状况下的"教学自由"，如教学的内容设置、学生的选拔、教师的任选等都由"教师们"自主商定，但是从总体上说中国古代并不存在教学自由的观念，因为当时教育学人并没能自觉形成教学自由的权利观念，而且教学自由也从来没有得到官方的法律承认和保障。

三、中国古代教学自由权观念缺失的原因

近代意义上的教学自由是历史发展到一定阶段的产物，它具有自己独特的内涵。教学自由的产生和存续是与西方特殊的政治、经济、文化等环境密切相连，由于中国古代缺乏这些条件，使得中国古代学人们很难自发产生教学自由的观念。探究中国古代教学自由权观念缺失的原因，就必须从这些条件入手。弄清楚这一点对于我们弄清楚教学自由观念在什么时候传入中国，以及我们该如何建立和维持教学自由权制度都具有莫大的帮助。我们认为中国古代教学自由权观念难产的原因主要有以下几点：

1. 文化因素是制约教学自由权观念产生的一个重要因素

阿什比说过："任何类型的大学都是遗传与环境的产物。"① 教育与传统文化的关系非常密切：一方面，教育是文化的一部分，是文化的载体；教育特别是高等教育的功能之一就是对文化进行传播、继承、发展、创新。另一方面，文化又对高等教育具有制约作用，制约着高等教育功能的实现，制约着大学精神的塑造。也就是说，文化对高等教育既有促进作用，同时也有可能阻碍高等教育的发展。

我国传统文化以儒家文化为主体，历史悠久、博大精深，直接影响着社会、文化与历史以及民族心理的形成。它对我国大学教育产生的积极影响，这里不作具体阐述，下面主要侧重探讨我国传统文化对教育和学术自由产生的负面影响。

首先，传统文化中强烈的政治性目的，影响了研究者的学术动机。政治因素可以说是长时期影响我国大学学术自由实现的重要原因。传统文化强调"学而优则仕"，官本位的教育思想与教育模式，对中国知识分子的影响根深蒂固，知识分子往往将他们的命运押在日后能否"仕途通达"上，教育与学术研究实质上成为了政治的附属品。政治性的学术目的和强烈的功利主义严重阻碍了学术自由的发展，导致现实

---

① ［英］阿什比：《科技发达时代的大学教育》，滕大春、滕大生译，人民教育出版社1983年版，第7页。

中学术研究的泛政治化倾向，妨碍了学术研究者的纯学术理论的构建，使学者在进行学术研究时，首先想到的是政治性目的和价值，根本就不存在真正意义上的学术自由。"思想与权力因结盟而获得独尊的地位，也就意味着思想自由发挥的时代的结束，这是由政治的逻辑决定的。"① 在现代大学校园里，"官本位"思想依然相当严重，这不能不说是我国传统文化思想的重要表现。学者将仕途作为自己的追求目标，政治对学术的干预问题也就相伴而生了。统治阶级为了自身的政治目的，就会要求学者的研究服从统治阶级的意志，控制学者的思想为政治服务，科举制度就是政治控制学术的最有力的证明。新中国成立后的一段时间，我国大学的一些改革有很多的政治行为，大学缺少自主性。在大学内部，就出现了行政权力替代学术权力，行政管理取代学术管理的现象，学术自由精神没有得到很好地体现。

其次，传统文化中的社会本位论阻碍了人的个性发展。儒家教育是一种世俗教育，强调人的社会责任，忽视人的个性自由发展。"修身齐家治国平天下"是对人接受教育的最高要求。儒家教育的社会本位论导致大学学术研究的庸俗化，学者对学术成果的价值判断，首先考虑的是其社会价值，而不是以追求真理为价值导向，自身的个性自由被排斥在外。此外，社会本位的价值观使研究者缺乏独立性。研究者不能选择自己感兴趣的研究方向，而将研究课题依附于社会潮流，这就极大地打击了研究者的积极性和学术热情，不利于学术的自由交流和沟通。

再次，我国传统文化结构中经验主义的思维方式，限制了科学思想的发展。与西方文化关注抽象概念、逻辑推理不同，我国传统的思维方式表现出对感性现象、经验直觉的特别兴趣，认识和把握世界的唯一途径和客观基础就是观察、认识事物的现象。② 受这种思维模式

① 干春松：《制度化儒家及其解体》，中国人民大学出版社 2003 年版，第 6 页。

② 参见朱汉民：《中国传统文化导论》，湖南大学出版社 2000 年版，第 327 页。

的影响，我国学术研究强调实用性，追求眼前的实用目的，着眼于近期的实用研究，忽视理论的原创研究，缺少追求真理的理性批判精神，这样的学术研究极大地限制了大学学术的理论发展，导致了学者学术研究的世俗化和功利性倾向，限制了学者科学思想的发展。

此外，我国传统文化未能形成与外来文化自由交流的传统，在一定程度上形成了封闭性的特点。一方面表现出不能兼容更多的优秀文化，使研究者无法了解世界学术前沿动态，不能相互交流学术研究的优秀成果，形成对自我文化的盲从，产生认识上的片面性。另一方面，容易造成学者孤立的文人性格，缺乏合作精神。现代科学领域要取得突破性成果，必然要依靠多学科领域和不同国家之间的合作才能取得成功，这种孤立的性格不利于学术的自由交流。封闭性的文化不仅限制了不同文化、不同思想之间的融合碰撞，而且阻碍了学者的思维，抑制了学者的创造欲望和创新灵感，难以形成学术争鸣的气氛，教学自由的传统也无法形成。

2. 中国"政教合一"传统对教学自由观念的压制

在传统政治学中，"政"与"教"表示两个不同的价值系统。"政"乃政治权力系统，这一系统以完备的政治、法律等制度构建为其常态；"教"是指意识形态系统，也俗称为教化系统，这一系统以完整的知识、思想、信仰等价值体系为其常态。在现实社会中，统治者对于国家与社会的控制、整合，一方面使用"政"即政治法律手段，一方面使用"教"即意识形态的教化手段。"政"与"教"之间，有时表现为同质性即"政教合一"，有时表现为异质性即"政教分离"。政教关系的状态不同决定了政治形态的属性不同。依照知识政治学的观点，政教关系不仅指政治结构模式，而且与传统政治学"政""教"含义不完全相同。"政"代表政治世界，"教"代表知识世界。从本质上讲，政教合一抑或政教分离指的是政治世界与知识世界的关系状态，也是政治权力与知识的关系模式。研究国家与社会的政教关系，实质上是在"政治—知识"的项度上考察政治形态及其赖以存在的知识基础，对政治形态及其赖以存在的知识基础和图式进行一种解释。

中国传统政治形态最大的特色便是"政教合一"。虽然古代中国之"教"主旨是社会教化，古代西方之"教"偏重于宗教及其教化，但二者拥有相同性，同属知识世界范畴。在政治与社会教化合为一体的中古时期的中国，其深厚的知识基础便是在本质上忠诚并依附于皇权的合法性知识——儒家学说。在中国传统的知识世界中，由于儒家学说的入世性和依附性，难以在自我的进化中抛却尘世具体利益，追求澄明圣洁而又超越的真理价值理念，从而在知识世界中无法形成独立品格的规范知识类型，即便是盛行于民间的一般知识也被儒学为代表的合法化知识尽收囊中。古代中国"政教合一"的过程，乃是政治收购知识、皇权收购知识阶层的过程，在这一过程中绝不是知识统帅政治、知识阶层改造控制皇权。

中国的"政教合一"有着悠久的历史传统，追溯"政教合一"的由来，有两个关节不容忽视，即颛顼时代的"绝地天通"和西汉武帝时期的"罢黜百家，独尊儒术"。① 在颛顼之前，每个氏族都有自己的巫史行使氏族与天交流的权利，由此，各个氏族的人天沟通独立于氏族联合体政权之外。颛顼时代的氏族联合体政权强制性地整合了分散于各氏族的巫术权力，专让南正负责与天沟通，将分散于各氏族的巫术纳入氏族联合体最高权力的控制之下，各氏族的巫术被整合为氏族联合体统一的巫教，实质上作为氏族联合体政权统治者垄断、控制了人与天交流沟通的巫术权力，分散的氏族被颛顼帝"绝地天通"了。上古时代是一个普遍相信神灵万能的时代，原始宗教的神意是社会整合和社会动员的最有效的手段，垄断、控制人天交流沟通的权力，对神意作出权威性的解释，必然会使政治权力得到强化；另外，原始宗教是原始人知识的宝库和思想的摇篮，它是知识的原型，政治权力对原始宗教的统御，客观上将政治权力纳入了知识化的状态，由此开辟了政治知识化的先河。通过此次宗教改革，各个氏族与天沟通的渠道被切断，这一权力被政权统治者收拢到自己控制的执掌

① 参见张庆服：《"政教合一"与"政教分离"——知识政治学视阈中的中古中西政治形态差异》，载《济宁学院学报》2010年第2期。

祭祀大权的巫觋阶层手中。

而巫觋阶层的出现标志着知识贵族阶层的诞生，这一阶层与政权统治者奇里斯玛型的合一，改造了上古中国的社会结构，真正使"思想"从实用的、具体的、分散的意识活动中游离出来，一方面提升为具有普遍性、指导性的主流意识形态的"观念"；另一方面演化为制度性的可操作的"知识"。于是与天相通的器物技术诸如青铜器等礼器的制造，成为统治者和知识贵族阶层的专利。使"政教合一"初见端倪。

而真正使知识与政治合一或者说政治吸纳知识，完成于西汉武帝时期的"罢黜百家，独尊儒术"——儒学的经典化。春秋战国时期，是中国政治的动荡时期，也是学术思想百家争鸣时期。学术思想的平民化运动即学在民间引发了这个既有的知识系统的危机。"天下无道"的局面导致包括知识贵族在内的贵族阶层的没落，于是被贵族独占的天道便从人们的知识视野中逐渐式微；春秋战国时的国与国之间的相互征伐，促发了"尚力"哲学的诞生，一种不专注于考究自然而仰慕于物质之力的实用知识，大有取代德性知识的趋势。于是时势造就老子、孔子之辈喷薄而出。老子呼吁"天之道，利而不害；人之道，为而不争"，① 主张以"无为"替代"妄为"；孔子也发出"天下无道也久矣"的慨叹，于是他要"闻道"、"弘道"，把"尚力"的武士重新纳入西周时期的礼制体系之中，"周监于二代，郁郁乎，吾从周"。②

如果说在春秋战国时期知识向部分人的敞开是取决于一种文化自觉的话，那么在西汉以降随着儒学的经典化，终极依据只向帝王敞开，帝王对与天相通资格的强制性占有，知识贵族阶层丧失了接纳天道的资格与权力，从此知识贵族阶层的地位发生巨变，即知识贵族阶层去组织化，无法形成政治权力中心以外的组织化的社会力量，消融于政权体制之中。

---

① 《道德经》。

② 《论语》。

肇始于颛顼时代"绝地天通"的知识权力与政治权力的关系便被整合到政治权力体系的内部，从两种权力的并立甚至对抗转化为合法化知识内部的重叠与合作，这一过程是随着孔子身份由教师转化为世间圣人而进行的。两汉时期对孔子的神圣化，在对历史的神化中不断被强化，从而确立了孔子作为人类终极依据的言说者和阐释者的地位，假孔子——圣人替代真孔子——教师的过程也恰好是中国传统合法化知识日渐丰满的过程。作为终极依据的天道实际上已与孔圣人同体，以孔圣人为载体的儒学作为"术"货于帝王家而变成经典，成为帝王君临天下合法的护身符。由此，帝王也被神圣化而变成世间"圣王"，成为天在人间的代理人。儒家经典化为儒教，成为帝王统治世间的合法化知识基础。孔子由一学派创始人转变为中国传统政治合法化知识体系的创制者。于是，中国政治史变成了对孔子解释权和占有权争夺的历史。

政教合一的传统使得中国传统的教育价值观是以政治为最高价值归宿的，教育功能、教育目的都是与治国安邦有关，教育的政治功能突出，并且受到国家政权的强烈导向。教学成为服务于既定统治秩序的工具，它的教学内容要完全符合官方哲学，它的教学目的也是为统治者提供合格的接班人，或者训导顺民。在这种情况下，无论是官学还是私学，他们都受到官方的严格控制，甚至是教育者自身的主动投靠，使得教学自由观念在中国难以产生。

3. "为知识而知识"观念的缺乏阻碍了教学自由权观念的产生

大学学术自治的最终目标即是为促进知识的发展，并为知识的自由发展创造条件。"在一个大学中，知识就是它本身的目的，而不只是达到目的的手段。一个大学将不再对它的本质忠诚，如果它变成教会、国家或任何局部利益的工具。大学是为自由研究的精神所塑造。"① 也正是在这个意义上，英国的纽曼认为，大学乃是"一切知识和科学、事实和原理、探索和发现、实验和思索的高级保护力量，它描绘出理智的疆域，并表明……在那里对任何一边既不侵犯也不屈

---

① 周志宏：《学术自由与大学法》，蔚理法律出版社1989年版，第78页。

服"。从这个角度看，学术自治即大学教师的工作环境的条件性自由。条件性自由是为大学自由服务的，是学术自由得到实现的必要条件，"自治是学术自由的组织保证"。所以，离开了学术自治制度的支撑，丧失了栖身之所的学术自由，只能是一种虚无缥缈的"精神饰品"。①

中国古代学者缺乏为"学术而学术"的品质。如近代思想家郭嵩焘反复强调不要以"高官厚禄"去鼓励士人学习天文算学，而要引导人们注重实用。早在同治六年（1867 年）的同文馆之争中，他就指出："朝廷以实用求人，期使应时，须以宏济国家之艰难，出之以至诚恻怛，无不起而相应者。……以利禄为名而眩使就之，君子必引以为耻。"②

陈独秀也认识到"中国学术不发达之最大原因，莫如学者自身不知学术独立之神圣。譬如文学自有其独立之价值也，而文学家自身不承认之，必欲攀附《六经》，妄称'文以载道'，'代圣贤立言'，以自贬抑。史学亦自有其独立之价值也，而史学家自身不承认之，必欲攀附联《春秋》，着眼大义名分，甘以史学为伦理学之附属立…"③

纵观我国古代历史，教学自由权受到政府、宗教等外来势力压迫，特别是来自于政府的"招安"时，古代知识分子们往往不仅不会成为权利的捍卫者，甚至会主动"投怀送抱"，成为权力的"俘虏"，乃至于"帮凶"。本应该成为教学自由权权利主体的知识分子"为知识而知识"意识的缺失无疑是其中最重要的原因之一。正是因为古代知识分子没有树立起对知识的"终极信仰"，使得他们当遭遇到外来强权打压或者内心更高价值欲求诱惑时，往往会放弃对知识、

---

① 孔垂谦：《论大学学术自由的制度根基》，载《江苏高教》2003 年第 2 期。

② 郭嵩焘：《郭嵩焘诗文集》，杨坚点校，岳麓书社1984 年版，第 69 页。

③ 陈独秀：《随感录》，见任建树等编：《陈独秀著作选》第 1 卷，上海人民出版社1993 年版，第 389 页。

真理追求和探索的坚持，转而向权力投降或者投靠。

这也就不难理解，在中国古代，知识分子们很难树立起教学自由权观念。因为，在当时"读书人"心目中，探究和传授知识并不是其最高乃至不可或缺的价值追求，教学只是他们谋生、追求功名的手段或跳板。在这种情况下，他们教学的内容、方式、对象等，基本上都是依照官方的政治指引、顺应学生及家长之需要而安排，教学自由这种权利不会成为他们的必需。我们要培育教育学人们教学自由权观念就必须让他们养成"为知识而知识"的信仰，而纯粹的、非功利的真理探究和传授，从长远来看符合国家和民族的根本利益。

第二节　教学自由权观念传入中国的前奏

中西方不同的政治、经济、地理自然环境等，孕育出了各具特色的高等教育制度和教学思想。伴随民主政治的建立，自由竞争的市场经济的形成，西方确立了大学自治制度和教学自由权观念。教育制度上的政教不分、官师合一等特点决定了，中国古代的教学自由权观念的淡薄和难产。当中西方文明进行交流，特别是发生剧烈碰撞后，两种不同的教育理念也势必会进行一番厮杀与搏斗。然而，由于教育在国家强盛过程中作用的间接性和缓慢性，这使得人们对它的注意和重视，往往会滞后于武器装备、科学技术、政治制度等这些更直观的东西。

中国学习西方的进程、步骤恰恰印证了这一点。中国在面临"亡国灭种"的空前危机面前，有志之士的救国之心是迫切且盲目的。在面临危机的时刻，功利主义总是容易占据上风。

在它们的碰撞和交流中，教学自由权观念一步步地被引入中国，在与中国传统高等教育理念的交锋和融合的过程中，正在悄悄地酝酿着一场全新的变革。西方大学的基本精神在向中国传入的过程中，经历了颇多周折。教学自由权观念的传入是漫长的，国人对其的认知和消化经历了几代人的努力，它的践行则需要更多志士仁人的努力和付出。

一、第一轮"西学东渐"与西方高等教育的初步介绍

近代西方大学教育理念是紧随着明末清初第一轮"西学东渐"的展开而传入中国的。这一轮"西学东渐"是随着 1582 年意大利传教士利玛窦来华传教而拉开序幕。当时的传教士为了更好地传播教义，采取了更容易被中国人接受的学术传教的方式。这样西方传教士在宣传教义的同时，也向中国人传授了一些西方的科技和文化知识，这其中也包括一些零星的关于西方大学的设置、教育思想的知识。西方传教士翻译引进了大批西方书籍，其中涉及教育方面的主要有《名理探》、《童幼教育》、《职方外纪》和《西学凡》。后两本对西方大学的学科设置、课程大纲、教学方式、考试制度及模式等都进行了详细的介绍。

其中，意大利传教士艾儒略 1623 年所著的《职方外纪》，是第一部向中国人详细介绍西方大学制度的书籍。该书记述到："一国一郡有大学、中学，一乡一邑有小学。……优者进入大学，乃分为四科，而听人自择：一曰医科，主疗疾病；一曰治科，主习政事；一曰教科，主守教法；一曰道科，主兴教化；皆学数年而后成。"①

然而，由于当时的中国正处国力强盛的时期，他们对以儒学为代表的中国文化具有无与伦比的优越感，"以为天下之学尽在中国，而他国非其伦也"。② 这种大国中心主义心态，使得当时的统治者对其政治、经济、文化、教育等各个方面都充满无比甚至盲目的自信。除了徐光启、李之藻等少数士大夫能够以取长补短、增强国力之心态，虚心学习西方文化、科技外，其他的人多是以一种居高临下之态，观赏西方之学，或者以一种较宽容的心态，承认西学乃"奇文妙理"，然"西士之能奇，而吾东土之未尝究心也"。③

----

① 转引自钟叔河：《走向世界》，中华书局 1985 年版，第 62 页。
② 《论文学与科学不可偏废》，《大陆》第 3 期 1903 年 2 月 7 日，转引自左玉河：《从四部之学到七科之学》，上海书店出版社 2004 年版，第 153 页。
③ 孙尚扬：《基督教与明末儒学》，东方出版社 1996 年版，第 145 页。

因此，当时关于西方高等教育制度和思想的知识，只是传播到了士大夫阶层，且仅仅满足了一部分人的好奇心，并没有引起当权者的重视。这种状况一直持续到 18 世纪清政府宣布严禁天主教，解散耶稣会，第一轮"西学东渐"结束。当然，明末清初的传教士们所传入的关于西方大学状况的资讯，也开阔了国人的眼界，为后人留下了解西方大学制度的第一手参考资料。

二、"知识—技术"观念下的西方高等教育思想的传播

1719 年，康熙颁布的"天主教在中国行不得，务必禁止"的旨令，标志着第一轮"西学东渐"的结束，代表了中国从此开始走上"闭关锁国"之路，这也开启了中国"落后挨打"的噩梦。鸦片战争之后，中国士大夫们开始"睁眼看世界"，渴望了解西方，并逐渐将向西方学习作为"富国强兵"的主要途径。19 世纪 60 年代开始，清政府内一些开明人士掀起了一场以"自强"、"求富"为口号的洋务运动。虽然洋务派在"中学为体、西学为用"这一思想的指导下，认为中国的政治制度比西方要先进很多，只是在火器等军事装备比不上西方，这才导致中国在鸦片战争中的落败，因而洋务运动是以发展军事工业、建立新式军队为其主要目标的。在向西方学习的过程中，中国人开始对西方的大学制度有了进一步的了解，西方高等教育思想也逐渐润入中国。

来华传教士的宣传是当时中国人了解西方高等教育的一个重要途径。耶稣会关闭之后，天主教在中国的传教活动被迫中止了很长时间。1807 年新教传教士马礼逊来华传教标志着新一轮的"西学东渐"的开始。新教传教士继承了耶稣会的学术传教的方式，翻译出版了大量西方著作。在洋务运动期间，多部介绍西方教育制度、教学状况的书被传入中国。最早且最具影响的一本书是 1873 年德国传教士发贝尔·恩斯特所著的《德国学校考略》。这本书对德国各级学校的建制、教学状况、专业设置等都进行了详尽的介绍。该书对德国大学的学院设置及其所授课程等进行了翔实的描述，向中国知识界展示了西方近代学术分科的发展轨迹。

　　1883 年出版的《西学考略》是另外一本较重要的介绍西方大学的书。该书是时任京师同文馆总教习的美国长老会传教士丁韪良所著。1880 年，丁韪良受清政府总理衙门的委托，前往美、德、英、意大利、日、瑞士等国考察教育状况。归国后，他将访问所见所闻，参以搜集到的七国教育资料，编辑写成了《西学考略》。该书重点介绍了七国的大学教育状况。例如丁韪良在考察法国教育期间，他虽然参观了天文台、罗浮宫、艺术馆、工艺院、科学院（Academy）等，但是他最关注的却是巴黎大学的高等教育状况。据其记载，"课业昔分五科，曰文学，曰理学，曰道学（神学——引者注），曰律学（法律学——引者注），曰医学。首二科为必由之径，俟学有成效，然后分途专攻一科，或为教师（指传教士——引者注），或为律师，或为医师，皆视所学而给予文凭……更设格致一科，亦归理学，以训迪之"。① 在其他六国访问期间，丁韪良也详细考察了各国大学的发展状况，这些都被其详细记录在了《西方考略》一书中。在介绍完七国教育的发展状况之后，丁韪良还对西方教育的发展特点和趋势进行了总结。例如，他把西方大学学科设置的特点总结为："其初不过讨论其理，未尝计及其用。迨后世得汽机、电机之力与夫化学之功，始知富强之术即寓其中，不但学者视为要务，即诸国亦以为学院课程之大宗。盖知贫弱之国由之可以至于富强。"② 此外，李提摩太的《七国兴学备要》、林乐知所著的《文字兴国策》等，都对西方大学的基本概况如课程设置、教学内容等进行了介绍。

　　虽然说传教士在西方高等教育思想传入中国的过程中，起到了重要的作用，但是他们的目的并不是向中国宣传先进的教育理念，而是为了达到其发展教徒，传播基督教教义等目的。早在 1836 年马礼逊教育会成立大会上，美国传教士稗治文（Elijah Coleman Bridaman,

---

　　① 丁韪良：《西学考略》卷上，同文馆聚珍版，第 24～25 页，转引自田广平主编：《中外教育交流史》，广东教育出版社 2004 年版，第 278 页。
　　② 丁韪良：《西学考略》卷下，同文馆聚珍版，第 4 页，转引自田广平主编：《中外教育交流史》，广东教育出版社 2004 年版，第 281 页。

1801—1861）就宣称："教育肯定可以在道德、社会、国民性方面，比在同一时期内任何陆海军力量，比最繁荣的商业刺激，比任何其他一切手段的联合行动，产生更为巨大的变化。"①

美国传教士林乐知（Yolng John Allen，1836—1907）就认为："为什么我们教会在中国要不断地为乞丐开办义务学校呢？倘若让富有的和聪明的中国人先得到上帝之道，再由他们去广速地宣传福音，我们岂不是可以少花人力、物力，而在中国人当中无止境地发挥力量和影响吗？"②

美国传教士狄考文（Calvin Wilson Mateer，1836—1908）将这一思想表述得更为明白。他在1890年基督教在华传教士大会上宣称："如果我们要对儒家的地位取而代之，我们就要训练好自己的人，用基督教和科学教育他们，使他们能胜过中国的旧式士大夫，从而能取得旧式士大夫所占的统治地位。"③

由此可见，西方传教士向中国宣传西方教育制度和思想时，是将其作为传播教义的附属品或者是手段。因而他们在向中国介绍西方高等教育的时候，往往带着功利的目的，仅仅是基本的表层的制度，例如教学内容、学制建设、考试方式等。他们在中国所开办的教会大学，也是为了宣传其教义服务的，所教授的内容、讲课方式等完全要符合其宗教传统，其本身就没有多少教学自由。因而，他们无暇也不可能向中国人传播甚至劝解其接纳西方高等教育的深层次理念——大学自治与教学自由等。

洋务运动时期，通过留学或派往西方各国公干的中国人的所见所闻，也是了解西方高等教育思想的一个重要途径。如中国近代派出的第一位驻外公使郭嵩焘，在1877年被派往英国后，即参观考察了英国的多所大学。他在参观完牛津大学后，就记载："仕进者各就其才质所长，入国家所立学馆，如兵法、律法之属，积资任能，终其身以

---

① 《从马礼逊到司徒雷登》，上海人民出版社1985年版，第33页。
② 《传教士与近代中国》，上海人民出版社1981年版，第228页。
③ 《传教士与近代中国》，上海人民出版社1981年版，第234页。

所学自效。此实中国三代学校遗制，汉魏以后士大夫知此义者鲜矣"。① 1879 年，时任驻日参赞黄遵宪在访问了日本东京大学后，在其著作《日本杂事诗广注》中记述："生徒凡百人，分法、理、文三部。法学则英吉利法律、法兰西法律、日本今古法律；理学有化学、气学、重学、数学、矿学、画学、天文地理学、动物学、植物学、机器学；文学有日本史学、汉文学、英文学。以四年毕业，则给以文凭。此四年中，随年而分等级。所读皆有用书，规模善也。"②

从总体上来看，这一时期中国知识界和士大夫阶层对西方大学的认识，还多停留在对其基本学制、课程设置、学科内容等一些基本制度的介绍，还缺乏对西方大学本质及基本理念的认知。一些友善的西方传教士们，出于传播先进教育制度、文化的目的，通过翻译或著作教育专著的方式，向中国详尽介绍西方的大学制度，希望中国当权者能够认识到中国传统教育的不足，采用西方的大学制度。当时，由于西方传教士知识的局限性，以及中国国内对西方文化的缺乏了解和普遍抵制，他们对西方高等教育多是普及性、制度层面的介绍，对西方大学的本质、基本精神、办学宗旨则很少提及。

从洋务派自身来说，他们虽然从最初仅仅把西方高等教育的状况作为知识来了解，发展到开始承认西方的高等教育制度的某些先进性，采取了向西方公派留学生，仿效西方兴办同文馆、上海广方言馆、天津电报学堂等新式学堂，但是，从总体上来说，他们仍然将西方的教育制度作为"用"的层面，无论是向西方公派留学生，还是兴建新式学堂，都是为其兴办军事工业、建立强大的军队而服务的。当时，洋务派指导性的教育思想仍然是"中学为体，西学为用"，抑或称之为"旧学为体、新学为用"。洋务派代表人物张之洞在其名著《劝学篇》详细阐述了这一思想，他指出："新旧兼学：《四书》、

① 郭嵩焘：《郭嵩焘日记》第 3 卷，湖南人民出版社 1982 年版，第 351～352 页。

② 《中国近代学制史料》第 2 辑（上册），华东师范大学出版社 1987 年版，第 3～4 页。

《五经》、中国史事、政书、地图为旧学，西欧、西艺、西史为新学。旧学为体，新学为用，不使偏废。"①

值得欣慰的是，当时洋务派中一些有识之士也开始认识到，教育乃西方强盛的关键原因，主张改革中国旧式教育，全面学习西方教育体制。如洋务派中的理论家郭嵩焘就认为，"欧洲各国日趋于富强，推求其源，皆学问考核之功也"。② 他在出任英国公使之前，就已经认识到"西洋政教、制造，无一不出于学"。③ 到英国后，郭嵩焘就经常去考察参观英国的各级学校，特别是英国的大学。他对英国的高等教育特别推崇，认为英国大学教育充满了科学精神，活力十足，为英国的强盛奠定了坚实的基础。为了验证这一认识，他还特意研究了日本明治维新之后的变化。郭嵩焘通过与日本公使上野景范的交往，以及查阅大量介绍日本政治、经济、文化的书籍，感受到日本维新之后的巨大变化和勃勃生机。对比中日之间的巨大差异，他认为这主要是因为中国仅仅是向西方学习军事，而日本则全面向西方学习政治、经济、科技、教育、制造、法律等。郭嵩焘尤其注意考察教育在日本崛起中的重大作用，为此，他特意查阅了记录东京地区学校概况的《开成学校一览》一书，并将其重要内容摘录到其日记中。

作为洋务派中的先行者，郭嵩焘突破了"西方强大仅仅由于'船坚炮利'"的陈旧观念，认识到教育在西方富强中的关键作用，要求彻底改革中国以"八股取士"为核心的教育制度。显然他对西方高等教育的推崇，还主要是服务于"救亡图存"的政治目的。他对西方大学的认识，也多停留在对其功能、学科体制、课程设置、教学内容等外部制度层面上，对西方大学的运行机制、与政府之间的关系，西方大学的发展史等缺乏了解，因此他也不可能认识到中西大学

① 《劝学篇·设学》。
② 郭嵩焘：《郭嵩焘日记》，光绪三年十月二十九日，转引自朱曰耀主编：《中国近代政治思想史》，吉林大学出版社 1990 年版，第 136 页。
③ 钟叔河主编：《向世界丛书·郭嵩焘：伦敦巴黎日记》，岳麓书社 1984 年版，第 973 页。

之间的本质区别，当然也就无法明晰西方大学的诸如大学自治、教学自由等核心价值理念。这也导致了洋务派在效仿西方建立新式学堂时，却仅仅只是对西方大学的简单模仿甚至东施效颦。不懂得西方大学的基本价值理念，自然无法建立起真正的现代大学制度。

三、"知识—政治"观念下的中西高等教育思想的交流

维新运动具有广义和狭义之分。狭义上，维新运动又称为戊戌变法，是指 1898 年 6 月 11 日—9 月 21 日之间光绪皇帝所领导，以维新派为核心的一项政治改革运动，该运动企图改变中国的政治体制，使中国走向君主立宪的道路。广义上的维新运动，则是指早期维新派（改良派）与维新派所掀起的从清政府内部，通过开国会、设议院等改良方式使中国逐步走向资本主义道路的一种政治、思想变革运动。

维新派很多学说、主张包括教育思想都是与早期的维新派（改良派）一脉相承的，因此我们首先有必要介绍一下早期维新派对西方高等教育的认知。一般认为，早期维新派出现于 19 世纪 70 年代，其代表人物为郑观应、王韬、冯桂芬、薛福成、宋育仁等。他们多是从洋务派中脱离出来的，提出了一些不同的政治、经济、文化等主张。他们在对西方教育，特别是高等教育上的认识上，比洋务派深刻了很多，这主要体现在以下几个方面：第一，他们充分认识到了教育在西方强盛富强过程中的重要作用，提出中国的社会变革的重心应转到教育改革上来。与洋务派以发展军事工业、操练新式军队为核心的改革不同，早期维新派认为要彻底改变中国的落后面貌，必须要大力发展教育，广开学校，培养出符合新政需要的人才。郑观应就明确提出了："学校者，造就人才之地，治天下之大本也。"① 他还进一步论证到："余平日历查西人立国之本，体用兼备。育才于书院，议政于议院，君民一体，上下同心，此其体；练兵、制器械、铁路、电线

---

① 郑观应：《盛世危言》，《郑观应集》上册，上海人民出版社 1982 年版，第 245 页。

等事，此其用。中国遗其体效其用，所以事多扞格，难臻富强。"①
他指出洋务派的改革方案是本末倒置的做法，只能学到西方的皮毛，
因而很难使中国走上富强之道路。在郑观应心目中，把兴办教育与开
议会改良政治，并列为"救中国"的两把利器。冯桂芬也承认"西
学"的先进，他认为："此外如算学、重学、视学、光学、化学等，
皆得格物致理，舆地书备列百国山川厄塞风土物产，多中人所不
及。"② 薛福成出使西方各国期间，通过对其教育制度的多方考察，
敏锐的察觉到西方各国"非仅为士者有学，即为兵、为工、为农、
为商，亦莫不有学"，并认为这与国家的富强具有密切的联系，"学
校之盛有如今日，此西洋诸国所以勃兴之本原钦"?③

第二，明确地提出了改革科举制度的主张。早期改良派认识到科
举制度对中国人才培养的危害，隐约察觉到科举选士对新式的高等教
育制度建立具有阻碍作用，而要改变旧有的教育制度，就必须改革科
举制度。冯桂芬就认为科举是最高统治者"禁锢生人之心思材力"
的工具，"其事为孔孟明理载道之事，寓其术为唐宗英雄入彀之术，
其心为始皇焚书坑儒之心"。这样的一科复一科，几经折磨，转瞬人
已老，所以八股取士制度"意在败坏天下之人才，非欲造就天下之
人才"。因此，冯桂芬大力呼吁，改革科举取士制度。1876 年，已具
有比较鲜明的改良思想的王韬，对旧式科举的内容进行了根本性的否
定。他说："国家以时文取士，功令綦严，士之抢才负奇者，非此一
途莫由进身。其以一日之长猎名科第者，则不复稍试其能，尽取而官
之。取士之途严，用士之途宽，泥沙与珠玉莫辨也。近日各省广额日
增，取求更滥，皆所谓有士之名无士之实者也。士习之坏，于今为
烈，然则取士之道当奈何？曰不废时文，人才终不能古若。"④ 他认

① 郑观应：《南游日记》，《郑观应集》上册，上海人民出版社 1982 年版，
第 967 页。
② 《采西学议：冯桂芬、马建忠集》，郑大华点校，辽宁人民出版社 1994
年版，第 82 页。
③ 薛福成：《出使英法义比四国日记》，岳麓书社 1985 年版，第 692 页。
④ 王韬：《弢园尺牍》，《上丁中丞》。

为以时文取士的科举制度带有很大的偶然性，其结果必然不能真正客观地甄选人才，造成泥沙与珠玉混杂的局面。郑观应也尖锐地指出，以八股时文取士不能选拔真正的有用人才，是一种极不实事求是的制度。他写道："中国文士专尚制艺，即本国之风土、人情、兵刑、钱谷等事亦非素习。功令所在，士之工此者得第，不工此者即不得第。虽豪杰之士亦不得不以有用之心力，消磨于无用之时文。即使字字精工，句句纯熟，试问能以之义安国家乎？不能也。能以之怀柔远人乎？不能也。一旦业成而仕，则又尽弃其所学。呜呼！所学非所用，所用非所学，天下之无谓，至斯极矣。"① 王韬主张以"行、学、识、才"四个标准考选士人，具体来说就是："行为孝悌廉节，贤良方正，由乡举里选，达之于官，官然后贡之于朝。学区古今两门，古则通经术，谙史事；今则明经济，娴掌故。凡舆图算术，胥统诸此。识如询以时事、治民、鞫狱、理财、察吏。才为文章，辞令，策论，诗赋，足当著作之选。"② 这样，就拓宽了取士范围，便于选拔到有一技之长的专门人才。

第三，早期维新派突破以往仅仅宏观介绍西方大学概况的窠臼，开始从微观上关注其内部的教师教学方法、教学管理、学生学习生活等细节问题，且在此基础上提出了改革中国书院的具体主张。随着国人对西方高等教育了解的日益加深，再加上早期维新派多有出国考察之经历，他们对西方大学的观察更加细致，已经不满足于仅仅从外围进行宏观的描绘。他们开始深入到西方大学的内部，观测其运行的细枝末节，以期能够对西方高等教育形成更加全面的认知。相比于前人，早期维新派对西方大学的介绍更加详细。如郑观应对西方大学进行过这样的描述："上学学生（这里指大学，作者按），可免三年兵役；教师均由名望出众、才识兼优者担任；学校中书籍、图书、仪器，不一无备；所学内容，为经学、法学、智学、医学四种；除实学院外，还设有技艺院（学汽机、电报、采矿、陶冶、制炼、织造

① 郑观应：《盛世危言·考试》。
② 王韬：《弢园尺牍》，《上丁中丞》。

等)、格致学院(学数学、力学、天文学,航海学等)、武学院(除科学知识外,习武艺、兵法、御马等)、通商院(以数学、银行学、文字为主,另习各地方言土产、水陆交通、税则定约、货币汇票、公司保险等)和农政院、丹青(美术)院,律乐院(音乐)、师道(师范)院、宣道院、女子院、训瞽院(盲人)、训聋疾院(聋哑)等。"① 可以说,他向国人展现了一幅生动形象、更贴近人们生活的西方大学的图景。显然,这对于早期维新派在民众中宣传西方大学的优点,推行其教育改革措施都具有很大的帮助。王韬对西方大学实证的教学研究方法也颇感兴趣。他曾经专门撰文向人们介绍道:"西人于学,有实证可据,然后笔诸书册。如天学必以远镜实测得星。医学必细剖骨络、脏腑,以穷其病之所在。动植之学,必先辨虫鱼草木之状,而以显微镜察其底里。苟有一毫未信,不敢告人。"② 在对比中西高等教育的优劣之后,早期维新派提出了改革中国旧式教育的主张,并提出了具体的应对措施。何启、胡力垣在《新政论议》一文中,对中国如何建立新学提出了很多具体的建议,他们认为,"宜下令国中各府州县俱立学校,每省发一大臣,为学政以总其成,每年成材者登诸册簿,以记其才学、人数"。③ 他们还对学校的课程设置进行了设计,除了将中国的语言文字列为共同必修课程外,还列举出了19门学科。此外,他们还对学校的管理,教师的聘任,考试方式等问题进行了论述。

早期维新派虽然看到了教育在国家富强中的重要作用,对中国旧有的教育制度已不能适应社会发展的需要的事实也有清醒的认识,但是他们还是没能窥探到西方大学的根本理念——学术自由、学术自治的门径。他们的高等教育思想仍然是实用主义的,只是将教育作为实现其"富国"之梦的工具而已。在这一点上,他们同洋务派并没有

---

① 郑观应:《盛世危言·学校》,引之《中国近代教育文选》,人民教育出版社1984年版,第46~48页。
② 王韬:《瀛壖杂志》卷6,上海古籍出版社1989年版,第124页。
③ 《新政真诠》二编,《新政论议》。

什么不同。如果说有差别的话，那也仅仅是对教育的重视程度及其功能的看法不同罢了。例如，洋务派兴办新式学堂，主要是为了更好地学习西方军事技术、开办军火工业，武装军队等。我们可以从洋务派所兴办学堂的类型和目的看出这一点。当时新式学堂主要有三种类型，分别为外国语学堂、军事学堂和科学技术学堂。同文馆、自强学堂等外国语学堂开办的最初目的是为中国培养翻译和外交人才。洋务派对设立外国语学堂期望颇高，认为"行之既久，必有正人君子、奇尤异敏之士出乎其中，然后尽得西人之要领而思所以驾驭之，绥靖边陲之原本实在于此"。[1] 此后，随着形势的发展，单纯的翻译人才已经不能满足洋务运动的需要。自强学堂的开创者张之洞对此有精炼的总结："本部堂讲求各国语言文字之意，在于培植志士，察他国之政，通殊方之学，以期共济时艰，并非欲诸生徒供翻译之用。"[2]

洋务派兴办的军事学堂主要有福州船政学堂、广东实学馆、天津水师学堂、湖北武备学堂等，共 15 所左右。军事学堂的创办目的，是为国家培养骁勇善战的军事作战指挥官以及技能娴熟的军事技术人才。面对数次对洋战争的惨败，洋务派认识到，中西之间的武器装备、军队素质、作战指挥等都存在巨大的差距，要想战胜强大的西方列强，必须培养出熟知和掌握西方先进军事技术的人才，建立自己的军火工业，训练新式军队。他们指出欧洲诸强"由格物而制器，由制器而练兵，无事不学，无人不学，角胜争长，率臻绝诣"。[3] 西方诸国的武器制造精良，军队也经过专业化培养，"其兵船将弁，必由

---

[1]　朱有瓛主编：《中国近代学制史料》第 1 辑（上册），华东师范大学出版社 1983 年版，第 215 页。

[2]　朱有瓛主编：《中国近代学制史料》第 1 辑（上册），华东师范大学出版社 1983 年版，第 310 页。

[3]　朱有瓛主编：《中国近代学制史料》第 1 辑（上册），华东师范大学出版社 1983 年版，第 476 页。

水师学堂，陆营将弁，必由武备书院造就而出"。① 左宗棠在陈述开设福州船政局的理由时说："兹局之设，所重在学造西洋机器以成轮船，伸中国得转相接受，为永远之利。非如雇买轮船之徒取济一时可比。"② 科技学堂是洋务派兴办的另一重要类型的新式学堂，主要有福州电报学堂、天津电报学堂、湖北算术学堂、南京铁路学堂等。该类学堂设立的目的是为了洋务派兴办民用工业，提供必要的科技人才。

由此可见，洋务派兴办新式学堂的目的，完全是为了实现其"强兵"、"求福"的政治目的，这是典型的教育工具主义的表现，显然洋务派不可能认识到西方大学的真谛——教学自由，此时的中国也不可能建立起现代化的大学。实际上，早期改良派对待教育的态度在本质上，同洋务派并无二致。早期维新派之所以主张变革清末的教育制度，要求向西方学习，兴办近代学校。一方面是由于封建教育培养不出真才实学之人，只能使善于钻营、溜须拍马之人充斥朝野，令举国上下都弥漫着"因循也，苟且也，蒙蔽也，粉饰也，贪罔也，虚骄也，喜贡谀而恶直言，好货财而彼此交征利。其有深思远虑矫然出众者，则必摈而不见用"③ 等庸腐丑恶的风气。他们认为中国的衰败，主因在于人才的匮乏，而人才之贫则根源于中国教育的落后。归根结底，要重新奏响中国强盛富强之音，就必须在中国兴办新式学校，彻底改变当前教育之旧面貌。另一方面是鉴于教育在西方诸强崛起过程中所起的重要作用。过往的洋务派，多将西方的强盛归于其火器、船舰、科学技术的强大，而早期维新派认为这是本末倒置的一种看法，西方强大之根在于其教育，军队武器精良、军人素质优良等皆是其教育发达之功。早期维新派通过多年直接和间接地对中西军事、

————

① 《李文忠公全书》奏稿五三，清光绪三十一年（1905 年）金陵刻本，转引自李国钧、王炳照总主编：《中国教育制度通史》第 1 卷，山东人民出版社2000 年版，第 117 页。

② 《左文襄公全集·奏稿》卷二十。

③ 王韬：《弢园文录外编·变法中》，楚流等选注，辽宁人民出版社 1994年版，第 23 页。

政治、经济、文化科技等方面的全面观察，得出了教育是造成双方国力差距的关键因素的结论。

早期维新派提倡改革封建科举制度，建立近代学校的目的最终是为了实现其"强兵"、"富国"的政治理想，正如郑观应所说"将见士气振作，人才奋兴。以之制物则物精，以之制器则器利，以之治国则国富，以之治兵则兵强，以之取财则财足，以之经商则商旺。政无不理，事无不举"。① 相对于洋务派，教育在他们眼中重要性虽然提高了很多，但是仍只是将其视为工具而已。他们对传统教育的反思也主要针对"教育内容"的不合时宜，"教育方法"的陈旧，"教育成果"的不显著等，而对于中西教育的本质差别——基本理念的不同，则没有察觉或者有意忽略。因为，早期维新派对于以儒学为代表的中学，仍是无比的眷恋，将其视为"固国之本"。王韬在为郑观应名篇《易言》做跋时，就提出："器则取诸西国，道则备自当躬。盖万世不变者，孔子之道也，儒道也，亦人道也。道不自孔子始，而道赖孔子以明。"② 薛福成则呼吁："取西人器数之学，以卫吾尧舜禹汤文武周孔之道。"③ 郑观应在此基础上，明确提出了："中学其本也，西学其末也；主以中学，辅以西学。"④ 他们并没有树立起视学术为目的而进行教学的观念。

1894 年中国在甲午战争中的惨败，宣告了洋务派苦心经营了 30 年的洋务事业的彻底破产。以康有为、梁启超、谭嗣同、黄遵宪、严复等为代表的维新派，正式登上历史舞台，在中国掀起了一场维新变革运动，其中教育领域是其斗争的一个重要战场。他们"教育救国"的主张，同早期维新派是一脉相承的。例如维新派的领袖康有为就将教育置于国家富强之本的地位，认为教育是改良国民素质、推动社会

① 郑观应：《盛世危言·考试下》，辽宁人民出版社 1994 年版，第 42 页。
② 夏东元编：《郑观应集》上册，上海人民出版社 1982 年版，第 167 页。
③ 薛福成：《筹洋刍议·变法》，《筹洋刍议——薛福成集》，徐素华选注，辽宁人民出版社 1994 年版，第 90 页。
④ 郑观应：《盛世危言·西学》，陈志良选注，辽宁人民出版社 1994 年版，第 30 页。

变革最有效的途径。早在 1886 年，他在《教学通义》中就提出："今天下治之不举，由教学之不修也。"① 开始将国家衰败的矛头指向了教学。此后，他在《上清帝第二书》中又明确指出："尝考泰西之所以富强，不在炮械军器，而在穷理劝学。"② 他在总结中国在甲午战争惨败的原因时说道："近者日本胜我，亦非其将相兵士能胜我也。其国遍设各学，才艺足用，实能胜我也。"③ 康有为认为中国衰败的根源，在于教育的落后，进而造成人才的匮乏。因而"欲任天下之事，开中国之新世界，莫亟于教育"。④

严复在其名篇《原强》中，为国家富强出谋划策，提出了"治标"和"治本"二策，并论证了两者之间的关系。他认为收权练兵只是"治标"之策，而开民智、新民德、鼓民力才是"治本"之途。治标只是应急的权宜之策，如果不能"治本"的话，治标之策最终也会落空，因此，只有两种策略同时实行，才能够真正救国于危难之中。显然，在严复心中，更看重治本之策，而开民智、新民德、鼓民力则又必须大力发展教育。梁启超则一针见血地指出了社会变革与教育改革之间的关系。他认为"变法之本，在育人才；人才之兴，在开学校；学校之立，在变科举"。这样就将教育的改革，即开学校、变科举看做是变法成败的关键因素。

相较于早期维新派，他们对传统教育制度的抨击更加激烈，学西方兴办新式教育的决心更大。康有为在《新学伪经考》中，对历代统治者奉为治世宝典的宋学和汉学都进行了彻底的批判，他论证到"凡后世所指目为'汉学'者，皆贾、马、许、郑之学，乃新学，非

---

① 康有为：《教学通议》手稿本，藏上海历史博物馆。

② 康有为：《康有为全集》第 2 集，姜义华、张荣华编校，中国人民出版社 2007 年版，第 42 页。

③ 康有为：《请开学校折》，《中国近代教育史资料》上册，第 151～152 页。

④ 梁启超：《南海康先生传》，见《饮冰室合集》第 6 卷，中华书局 1989 年版，第 62 页。

汉学也；即宋人所尊术之经，乃多伪经，非孔子之经也"。① 然而，他们这种抨击更多的是出于其政治目的，而不是真正发现中国古代教学之不自由，而导致中国学术落后这一现实。

维新派在对西方高等教育的学习上，已经不再局限于对其简单的介绍或推崇，而是在其基础上综合中西方高等教育思想的优劣，提出了在中国兴办新式高等学校的具体措施。例如，梁启超主张教育应有系统，循序渐进。他效法日本的教育制度，把教育分为四个时期：幼童期，受家庭和幼稚园教育；儿童期，受小学教育；少年期，受中学或实业教育；成人期，受大学教育。而大学又分文、法、医、理、工、农、商、师范等大学。梁启超还介绍了西方进步的教学方法，尖锐地揭露和批判了当时不良的教材与教法。他所拟的《湖南时务学堂学约》，就是他关于中等以上学校教育的内容和方法的范例：关于学习的功课分为普通学和专门学两类；关于教科书分为"专精之书和涉猎之书"，"每日读专精之书约居时刻十之六，读涉猎书约占时刻十之四"；关于考试制度：每月有月考，每季有大考；每生须设扎册一分，每日把所读的书的书数和阅读心得都记在册上，由院长评定分数，等等。梁启超是我国近代第一个最早系统地提出"各科教材教法"的教育家。

严复在《与外交报主人论教育书》中，提出一个比较详细的学校教育制度的新计划。在高等教育方面，严复主张：中学学习四到五年，然后升入高等学校，先受三到四年的预备科教育，之后再"分治专门之业"，即学习各种专业。高等学校的教师都用外国人，如果"人众班大，则用华人为助教"。高等教育偏重西学，"中文有考校，无功课，有书籍，无讲席，听学者以余力自治之"。严复对留学教育也非常重视。严复不同意康有为、梁启超的先"政"后"艺"，把教育作为政治手段的主张。他认为，教育应以科学为第一，政学次之。

严复严厉列数八股取士之害，痛斥当时的所谓学术和治学方法。他归纳八股有三大害：锢智慧、坏心术和滋游手。他指出：当时所谓

---

① 汤志钧编：《康有为政论集》上册，中华书局1981年版，第93页。

的学术，不外宋明义理之学、汉学的训诂考据和诗文辞章，这些都是无用或无实；而治学方法不外是陆王唯心主义的方法，"其祸也，始于学术，终于国家"。

关于大学，康有为主张设四科"经学、哲学、律学、医学"，在首都则设立一所规模较大的京师大学。康有为还建议成立"学部"，统管一切教育事务。康有为认为："大学者，犹高等学也，磨之奢之，精之深之，以为长为师，为士大夫者也。"①

由此观之，无论是洋务派，还是早期维新派，抑或是维新派，他们所说的"教育"皆是重点强调其在培育人才方面的功能，也就是本书所说的教学功能。但是，从总体上说，维新派并没有认识到中西大学的本质差异，也没能触摸到西方大学的核心价值之一的教学自由。

四、清末思想家们对教学自由权的模糊感知

虽然，直到清亡前，教育学人们对教学自由仍没有明确的认识，也没能分清中西方高等教育的根本理念差异，但是他们在兴办新式学堂或者观察研究其运行的过程中，也提出了一些引人深思的问题。例如郑观应在其名著《盛世危言》中针对洋务派所兴办的新式学堂的："今中国既设同文、方言各馆，水师、武备各堂，历有年所，而诸学尚未深通，制造率仗西匠，未闻有别出心裁，创一奇器者，技艺未专，而授受之道未得也。"② "至如广方言馆、同文馆虽罗致人才，聘请教习，要亦不过只学言语文字，若夫天文、舆地、算学、化学，直不过粗习皮毛而已。"③ 诚能将西国有用之书，条分缕析，译出华文，颁行天下各书院，俾人人得而学之，以中国幅员之广，人才之众，竭其聪明才力，何难驾西人而上之哉！

---

① 陈学恂主编：《中国近代教育文选》，人民教育出版社1983年版，第108页。
② 郑观应：《盛世危言·学校上》，中州古籍出版社1998年版，第62页。
③ 郑观应：《盛世危言·西学》，中州古籍出版社1998年版，第77页。

梁启超在《变法通义·学校余论》中也提出了"虽然，彼向之同文馆、水师学堂等，其设心也，曷尝不惟育才之为务，然至今数十年，未尝有非常之才，出乎其间，以效用于天下"① 这一疑问。

梁启超 1896 年也在《学校总论》一文中对京师同文馆等洋务学校提出了类似的批评，并分析了其中的主要原因：今之同文馆、广方言馆、水师学堂、武备学堂、自强学堂、实学馆之类，其不能得异才何也？言艺之事多，言政与教之事少。其所谓艺者，又不过语言文字之浅，兵学之末，不务其大，不揣其本，即尽其道，所成已无几矣。又其受病之根有三：一曰科举之制不改，就学乏才也；二曰师范学堂不立，教习非人也；三曰专门之业不分，致精无自也。故此中人士，阁束《六经》，吐弃群籍，于中国旧学，既一切不问，而叩以西人富强之本，制作之精，亦罕有能言之而能效之者。昔尝戏言：古人所患者，离乎夷狄，而未合乎中国；今之所患者，离乎中国，而未合乎夷狄。②

显然，他们在观察或者直接参与兴办新式学堂的过程中，认识到直接移植西方高等教育制度无法取得相同的效果，无法培养出真才实学士。但是，他们还是没能认识到产生这种差异的原因，他们往往将之归结为新式学堂教学内容的偏差，或者是没能学到西方的真正有用之学，抑或是没能找准学习的方向等。例如梁启超就注意到："泰西诸国，首重政治学院；其为学也，以公理公法为经以希腊罗马古史为纬，以近政近事为用，其学成者投之以政，此为立国基第一义。日本效之，变法则独先学校，学校则独重政治，此所以不三十年而崛起于东瀛也。"③

正是因为认识到西方高等教育直接移植的"水土不服"，清末的

① 梁启超：《变法通议》，何光宇评注，华夏出版社 2002 年版，第 130 页。

② 梁启超：《饮冰室合集》第 1 卷，中华书局 1989 年版，第 19 页。

③ 梁启超：《与林迪臣太守论浙中学堂课程应提倡实学书》，见陈学恂主编：《中国近代教育文选》，人民教育出版社 1983 年版，第 156 页。

思想家们开始关注西方大学教学的更深刻的内容。如康有为对西方的教学内容推崇备至："泰西人民自童至冠，输力至充之时，皆教之图算，古今万国历史，天文地理及化光电重、格致法律，政治公法之学，其农二商贾，亦皆有专门之学，故人人有学，人人有才，即其兵亦皆由学出、识字绘图测量阅表，略通天文地理格致医学始能充当。"①

严复则是从教学目的的不同出发来比较中西高等教育的不同。严复认为从教学目的来看，旧教育的办学方向不对。严夏有一个理论，即农工商之学人，多于入仕之学人，则国治；农工商之学人，少于入仕之学人，则国不治。而中国前之为学，学为治人而已。至于农、商、工、贾，即有学，至微不足道。"中国自古至今，所谓教育者，一语尽之曰：学古入官而已耳！"②而正因官之众导致了国之衰。

对于旧的教学内容和教学方法，严复也作了深入的研究批判。他认为，旧教育只是为了培养士，而其教学内容及教学方法，又适足以破坏其才，实在令人痛心疾首。"中国教育，不过识字读书，识字读书，不过为修饰文词之用；而其修饰文词，又不过一朝为禽犊之兽，以猎取富贵功名。方其读四予正经，非以讲德业、考制度也，乃因试场命题之故。"③

严复对中西教育的比较，可以看出他对西方大学的基本理念——学术自由具有模糊的认识。"吾国教育，自三育言，则偏于德育，而体、智二育则太少，一也；自物理、美术二方而言，则偏于艺事，短于物理，而物理未明，故其艺事亦难言精进，二也；自赫氏所云二大事言，则知求增长知识，而不重开治心灵，学者心能未尽发达，三也；更自内外福之分言，则外福甚多内届绝少，而因事前既无观察之术，事后于古人所垂成例，又无印证之勤，故其公例多疏，而外籀亦

① 周德昌编：《康南海教育文选》，广东高等教育出版社1989年版，第73页。

② 严复：《严复集》，中华书局1986年版，第282页。

③ 严复：《严复集》，中华书局1986年版，第281页。

多涡，四也。几此皆吾教育学界之短，人才因之以稀，社会因之以陋。"①

对于洋务派"中学为体，西学为用"、"西政为本，西艺为末"的教育思想，严复也颇不以为然。针对"中体西用"，他说，"有牛之体，则有负重之用；有马之体，则有致远之用。末闻以牛为体，以马为用者也"。"中学有中学之体用，西学有西学之体用，分之则并立，合之则两亡。议者必欲合之而以为一物，且一体而一用之，斯其文义违外，固己名之不可言矣。乌望言之而可行乎"？对于"政本而艺末"的提法，他认为更是颠倒错乱的。他说："其所谓艺者，非指科学乎？名、数、质、力，四者皆科学也。其通理公例，经纬万端，而西政之善者，即本斯而立……中国之政，所以日形其幼，不足争存者，亦坐不本科学，而与通理公例违行故耳。是故以科学为艺，则西艺实西政之本，设谓艺非科学，则政艺二者，乃并出于科学，若左右手然，未闻左右之相为本末也。义西艺又何可末乎？"②

严复仍然没有脱离实用主义的俗套，"新学固最所急，然使主教育者，悉弃其旧而惟新之谋，则亦未尝无害。盖教育要义，当使心撬不偏。故所用学科，于思想、感情、内外福，皆不可偏废。中国旧学，德育为多，故其书为德育所必用。何况今日学子，皆以更新中国自期，则譬如治病之医，不细究病人性质、体力、习惯、病源，便尔侈谈方药，有是理乎？姑无论国粹、国文，为吾人所当保守者矣。故不住谓居今吉学，断无不先治旧学之理，经史词章，国律伦理，皆不可废。惟教授旧法当改良"。③

正是因为晚清的思想家们认为对中西高等教育的根本差异不在于制度层面，因此他们开始从理论方面关注西方教育。如王国维就提出："以中国之大，当事及学者之众，教育之事之亟，而无一人深究

---

① 严复：《严复集》，中华书局1986年版，第281页。

② 严复：《与〈外交报〉主人书》，《严复集》第3册，中华书局1986年版，第558～559页。

③ 严复：《严复集》，中华书局1986年版，第284页。

教育学学理及教育行政者，是可异己。"① 王国维在《论今年之学术界》一文中，严厉抨击了对西学一知半解，"聊借其枝叶之语，以图遂其政治上之目的"的倾向，强调"欲学术之发达，必视学术为目的而不视为手段而后可"。王国维认为造成中国学术落后的原因：第一是由于学术缺少独立品格。他在《论哲学家与美术家之天职》一文中写道："披我中国之哲学史，凡哲学家无不欲兼为政治家者，斯可异己。孔子，大政治家也；墨子，大政治家也。孟荀二子皆抱政治上之大志者也。汉之贾、董，宋之张、程、朱、陆，明之罗、王，无不然。岂独哲学家而已，诗人亦然。……呜呼，美术之无独立价值也，久矣。此无怪历代诗人多托于忠君爱国劝善惩恶之意，以自解免，而纯粹美术上之著述往往受世人之迫害，而无人为之昭雪也，此亦我国哲学美术不发达之原因也。"②

王国维还将人格的独立与学术研究的独立联系在一起，他在《论近年之学术界》一文中曾说："欲学术之发达，必视学术为目的，而不视为手段而后可。汗德伦理学之格言曰：'当视人人为一目的，而不可视为手段。岂特人之对人当如是而己乎？对学术亦何独不然？'"③ 也就是说，无论是人格还是学术，都应该以目的看，而不可看成是手段。而要想真正达到学术的独立，首先必须做到人自身的独立，必须从对政治的依附中解脱出来，必须排斥掉各种功利追求，尊重人自身的本体存在，只有这样，才能彻底改变我国学术研究落后的状况，也才能彻底改变国民之性质。这反映出王国维对学术文化独立性的强调与对人的主体性的强调是统一的，在这一点上，他开始抓住了西方教学自由的基本条件。

总的说来，这一时期一些先进学人开始认识到中西高等教育的差

---

① 王国维：《教育小言十二则》，《教育丛书》第6集上册，教育世界社1906年版，第6页。

② 王国维：《论哲学家与美术家之天职》，《王国维遗书》第3册，上海书店出版社1983年版，第536～537页。

③ 王国维：《王国维遗书》第3册，上海书店出版社1983年版，第524页。

异在于其理念的不同，并开始关注学术自由（教学自由）实现的一些条件，如"以学术为目的"，"要想学术独立，就必须做到自身独立"等，当然他们对教学自由还没形成一个体系化、完整的认识，直到民国时期这一任务才最终完成。

第三节　德国古典教学自由权观念在中国的引入及整合

中国高等教育谋求变革的时期，正是德国大学以其丰硕的学术成果和培育人才方面的卓著而享誉海内外之时，这使其成为了当时中国学人效仿的首选目标。当然，除了德国大学在世界教育领域的领先地位之外，相同的政治机遇等也是当时中国学人纷纷将德国大学作为学习对象的原因。

一、德国大学教学自由观兴起的历程及其历史文化背景

德国大学在 19 世纪的崛起堪称世界教育史上的一个奇迹。18 世纪的德国大学正面临着前所未有的生存和发展危机。德国著名的"海德堡大学 1701—1705 每年平均仅招收约 80 名学生，其他 20 所大学不足 300 名学生"。[1] 18 世纪中期之后，这种状况持续恶化。18 世纪 80 年代，斯特拉斯堡、科隆、特里尔等大学最终因无生源等原因而被迫关闭。

这一时期，在德国官员中出现了一种功利主义思想，很多人都主张改变甚至取消传统大学而全力兴建新式的专业学院。如 1897 年，普鲁士在教育大臣领导下开始进行全面的教育体制改革，在高等教育方面，他主张取消旧式大学，只保留以培育法官、医生、专业技术人员等为目的的高等专业学校。他认为："大学这种源于古代的机构不仅无法满足未来理论型学者在道德、科学和实际教育上的需求，也不

---

① 贺国庆、王保星等著：《外国高等教育史》，人民教育出版社 2006 年版，第 103 页。

适于培养对个人和社会生活均有用处的国家公民……应当取消大学，只保留人文中学和培育医生、法官等的专业学院。"①

此外，一些激进的教育改革者及知识分子也主张废除大学。例如"星期三晚会"组织的主要倡议者格布哈德就支持取消大学，他的理由主要有两点：其一，高等专业学校完全能取代大学的作用；其二，大学是造成当时大学生道德败坏、屡屡触犯刑律的罪魁祸首。著名教育改革家卡姆佩也要求废除大学，他认为："最好的青年在大学即使没有完全被毁坏，至少变得放荡起来，回报他们的是灵与肉的衰弱，蒙受损失的是他们自己和社会。"② 德国大学还成为了当时德国文学嘲讽的重要对象，如歌德的《浮士德》、萨尔茨曼的《卡尔·冯·卡尔施贝格》等都对传统大学，特别是其糟糕的人才培养进行了大肆的抨击。

由上可见，当时德国教育界主张取消大学的理由主要有两个：一是德国传统大学的人才培养不能满足社会发展的现实需要；二是其向年轻人灌输优良道德品质方面的无能为力。他们批评的矛头集中指向了德国大学腐朽无能的教学。当时德国传统大学招生对象多为贵族或富裕的商人等，大多数穷人被排除在外。教学内容也受到教会和国家的严格控制，17世纪之前，"德国大学中大部分的学生都集中在文学系……到17世纪后期，整个德国大学文学系的学生人数约占80%左右"。③ 17世纪之后，随着德国世俗势力的强大以及新教运动的开展，法律和神学人才需求急剧增加，因而，这一时期德国大学中新教神学系和法学系逐渐占据主导地位。而由于得不到国家和教会的青睐，数学、物理、天文学等自然科学仍长期徘徊在大学门外。这也造成了"哥白尼、伽利略、开普勒、笛卡尔、牛顿、莱布尼茨这些著

---

① 转引自陈洪捷：《德国古典大学观及其对中国的影响》，北京大学出版社2006年版，第22页。

② Charles E. McClelland, State, Society, and University in Germany, 1700.1914: 78-79.

③ 转引自黄福涛主编：《外国高等教育史》，上海教育出版社2008年版，第80页。

名的科学家的成就，都是在大学之外取得的"。① 当时德国大学教学自由受到严格的控制。

虽然 17、18 世纪德国大学也经历了两次变革，建立了哈勒大学和哥廷根大学这样知名的学府，也初步提出了教学自由和研究自由的口号，但是从总体上说，德国大学仍然迷失在教师教学目的是为了功利需要还是"为知识而知识"，大学应该培养"利禄之徒"还是"哲学之才"这样的争论中。1807 年德国在普法战争中的失败，对本已衰败的德国大学打击巨大，包括哈勒大学在内的七所大学被割让给了法国。在面临民族生死存亡的危急时刻，德国大学却迸发出了强大的能量。

1807 年 8 月，以哈勒大学校长为首的部分教授觐见了普鲁士国王威廉三世，请求在柏林重新兴办大学。威廉三世称赞了他们的勇气，并将兴办大学视为重振民族声望的重要精神力量。一个月后，威廉三世即命令内阁大臣拜默组织筹办柏林大学。因此，柏林大学在兴办之初，就与国家、民族的命运紧密地联系在了一起。对于将柏林大学建成什么样的大学，在德国国内展开了激烈的争论。

当时影响德国大学改革进向的思想主要有三种，他们对大学教学目的和教学方式具有不同的主张。第一种是传统派，许多大学的教授都是这一思想的拥护者。这一观点同正统的牧师观具有相通之处。他们认为教学目的就是对经典教材的照本宣科，向学生传授经典的符合宗教精神的知识。这一观点尤其受到神学院的欢迎，主要原因在于更自由的教学会影响到神学的统治地位。第二种是功利主义派。这种观点认为他们教学的目的就应该为国家和教会培养公务员、牧师、医生、技师等实用性人才。他们中的一些激进派甚至主张取消大学，而以高等专门院取代之。第三种是新人文主义派。他们认为教学的目的是帮助学生实现自身全面而自由的发展。

这三种思想的交锋在柏林大学的筹办过程中时有发生。实际上，

---

① 转引自贺国庆、王保星等著：《外国高等教育史》，人民教育出版社 2006 年版，第 102 页。

早在 1802 年拜默就计划在柏林兴办新型高等学校，为此他咨询了多位专家学者，例如古典语言学家沃尔夫以及著名哲学家费希特都被聘为建校专家顾问。拜默计划兴建一所不同于传统大学的全新的"高等教育机构"，也不沿用"大学"这个名称。根据他的计划，"原有的大学进行专业的教育，为国家培养各种实用的专门人才，而设于柏林的高等教育机构则主要以研究科学为任务，仅接受优秀的大学毕业生，这种机构不同于传统的'行会式'大学，没有学院的划分，没有考试完全为自由的研究和培养机构"。① 显然，拜默的大学观是深受功利主义和新人文主义双重影响，因而主张将注重实用人才培养的大学和从事科学研究及其研究人才的高等教育机构分开设立。这说明他开始认识到了科学研究及其专门研究人才的重要性，认为需要设立一个专门的机构为其提供便利，但是其过分强调实用型人才的培养以及将教学与科研功能分开的做法说明其仍然深受旧官僚的功利主义的影响。

新人文主义派对德国大学教育观的支配性影响是由洪堡、施莱尔马赫、费希特等人完成的。他们在柏林大学的建立中都发挥了重要的作用，对柏林大学的教学自由，教学与科研相统一等办学宗旨的确立产生了深远的影响。正是他们实现了教学自由同国家兴盛的联姻，从此以后教学自由成为德国大学的指导性原则，并被越来越多的国家接受和效仿。

例如，1808 年施莱尔马赫积极参加了筹建柏林大学的讨论，并撰写了《关于德国式大学的断想。附：论将要建立的大学》一文，在文中他阐明了自己的大学观，其中很多反映了他要求大学独立和教学自由的主张。第一，他主张大学应该完全独立于国家，以免受到国家权力的压迫和控制。第二，他提倡思想自由与思想独立，认为科学研究必须杜绝一切政治、宗教等外在因素的束缚。施莱尔马赫"并不认为学习自然而然地是大学教育的第一个目标，第一个目标应该是

---

① 陈洪捷：《德国古典大学观及其对中国的影响》，北京大学出版社 2006 年版，第 23 页。

62

认识。因此必须唤起学生们身上的科学精神，使他们独立地深入到科学当中去。强迫并不能做到这一点。所以，大学就要求有'一种精神上完全自由的气氛'。科学要从对任何一种外来权威的屈从状态中解放出来"。① 施莱尔马赫的主张为大学教学自由提供了理论依据和思想支撑，实际上他的很多主张也贯彻到了柏林大学的办学宗旨中，成为了德国人引以为傲的大学精神。

有"柏林大学之父"之称的洪堡对柏林大学的兴建及教学自由原则的确立居功至伟。洪堡反对其前任拜默将教学与科研功能分开的做法，提出了教学与科研相统一的原则，重塑了全新的教学观。教学不再局限于传授已有的知识，而是传播"创新性的知识"，培育学生的科学精神。而要做到这一点，就必须保障教师们科学研究的自由，允许教师们自由传授其新发现。这样洪堡为大学教学重新找回了价值与意义，将大学从功利主义的泥潭中拯救了出来。

柏林大学的建立为德国大学的发展指明了方向，重塑了德国人才培育的目标。它成功沟通了"纯科学"的教学与研究同国家富强之间的联系，新知识的创造与传播符合国家的长远利益。只有给教学提供必要的自由空间，才能为国家提供源源不断的创新型人才，最终为国家强盛奠定坚实的基础。"非功利"的"以知识为最高旨趣"的教学却为国家发展提供了最功利性的效果。

柏林大学的成功转化成了强大的生产力，实现了德意志民族的伟大复兴。这既是德国人民的骄傲，也是世界高等教育的财富。随着德国的强势复苏，其教育制度也被介绍到了世界各地，对很多国家的大学教学观产生了深远的影响。洋务运动以来，中国高等教育在向西方学习的过程中，由于受到功利主义的影响，将"教学"作为"强兵"、"富国"之手段，对西方高等教育的学习也多从表层的制度入手，未能抓住西方大学精神的真髓。德国大学的成功范例，加上邻居日本"学德国"成功的间接榜样使得一部分先进的中国学人将目光

---

① ［德］F. W. 卡岑巴赫：《施莱尔马赫传》，任立译，商务印书馆1998年版，第83页。

着眼到了德国大学的古典精神——教学自由。蔡元培就是这群有识之士的杰出代表。

二、中国学人对德国大学教学自由观的接纳与解读

虽然中国在第一轮"西学东渐"中对德国高等教育有一点了解，但是真正引起中国精英阶层的重视，则是在清末"救亡图存"之际。近代德国因大学而兴国的美名，对清末试图将教育作为重要救国手段的中国，无疑具有很大的吸引力。既然，德国人能够依靠大学，从过去的被动挨打中走出来，并且成为世界强国，那么曾经的"东方霸主"——自然也能因此而崛起。这种观念成为当时中国精英集团的强烈信念和精神支撑。晚清时期，士大夫阶层对德国大学的崇拜，与其"教育兴国"的理念紧密相连。关于普鲁士之所以击败法国是因为普鲁士的教育胜过法国的说法，在当时士大夫阶层颇为流行。康有为就说："普胜法后，俾士麦指学生语曰：'我之胜法，在学生而不在兵'。"[1] 梁启超也说："德将毛奇于师丹（今译色当）战胜归国之际，指学校生徒而语曰：非吾侪之功，实彼等之力。盖至言也。"[2] 张謇也说："闻之普之胜法也，群臣相贺，其相俾士麦执小学校夏楚以示人曰：与达伐北大德国研究者此也。大哉斯言！"[3]

因此，他们对德国大学的学习，往往带着功利的态度，很难深入学习德国大学的核心精神，仅仅是外层的了解和模仿。到了民国时期，随着人们对高等教育理论的深入了解以及多次高等教育改革的失败经验总结，人们开始学习德国大学理念的精髓——教学自由。在这一过程中，蔡元培是他们当中的杰出代表。

---

[1] 舒新城编：《中国近代教育史资料》上册，人民教育出版社 1981 年版，第 152 页。

[2] 舒新城编：《中国近代教育史资料》下册，人民教育出版社 1981 年版，第 948 页。

[3] 朱有瓛：《中国近代学制史料》第 2 辑（上册），华东师范大学出版社 1987 年版，第 10 页。

蔡元培早年曾留学德国，对德国大学的基本理念具有十分深刻的认识与感悟。蔡元培回国后特别重视高等教育，如他所说"我的兴趣，偏于高等教育"。① 他坚信大学、学术是一个民族安身立命、赖以强大的根本。他的朋友吴敬恒曾说，蔡元培"毕生最致力地办大学。他为什么主张办大学？仿佛是一个国家，只要有大学问家出来，民族就可以之而贵，一班人就可以之而尊"。② 蔡元培如此看重大学，这显然与德国人对大学的态度有关。他有两次直接援引德国的例子以强调高等教育的意义："普鲁士受拿破仑蹂躏时，大学教授菲希脱（今译费希特——引者）为数次爱国之演说，改良大学教育。而德意志统一之盛业（普之胜法，群归功于小学教员，然所以有此等小学教员，高等教育之力也）亦发端于此。"③

蔡元培对德国古典式"教学自由"精神的吸纳和改造，集中体现在他出任北京大学校长时的实践。蔡元培到任前的北京大学，学术研究空气之缺乏，封建腐朽思想之泛滥为众所周知。这些现象，又是以北洋军阀的统治为政治背景的。蔡元培正是抱着改革和创新的挑战精神，置个人的名誉和利害于度外，赴北大上任。他任北京大学校长后，高举民主和科学的思想旗帜，以"兼容并包，思想自由"的办学原则，整顿大学的腐败校风，改革师生的陈旧观念，肃清封建积习，活跃学术空气，使北大的面貌发生了根本的变化。从1917年初到1923年初，是蔡元培在北大实际主持校政的时期。这6年中，他排除了种种旧势力的阻挠，在北大进行了全方位的改革和整顿。实践证明，这些改革是富有成效的。蔡元培在北大的改革，首先从改变观念入手。他在就任校长后的首次讲演中，即阐明了大学的宗旨。他强调："诸君来此求学，必有一定宗旨，欲求宗旨之正大与否，必先知

---

① 《我在教育界的经验》（1937），见《蔡元培全集》第7卷，浙江教育出版社1996年版，第197页。

② 吴敬恒：《蔡先生的志愿》，见孙常炜编：《蔡元培先生全集》，1978年版，第1369页。

③ 《蔡元培全集》第3卷，浙江教育出版社1996年版，第26页。

大学之性质……大学者，研究高深学问者也。"①

他对大学宗旨的主张，可谓一贯坚持。翌年，在北大开学式的讲演中又重申："大学为纯粹研究学问之机关，不可视为养成资格之所，亦不可视为贩卖知识之所。学者当有研究学问之兴趣，尤当养成学问家之人格。本校一年以来，设研究所，增参考书，均为提起研究学问兴趣起见。"② 他以提起"研究学问兴趣"作为北京大学的宗旨，在每年的开学演说中都要强调。他说："本校的宗旨，每年开学时候总说一遍，就是'为学问而求学问……科学的研究，固是本校的主旨。'"③

蔡元培对德国式"教学自由"的坚持还体现在他同政治当局的斗争上。例如"五四"运动爆发后，蔡校长为抗议政府镇压爱国学生而辞职。在《不肯再任北大校长的宣言》中，蔡先生称："我绝对不能再作不自由的大学校长：思想自由，是世界大学的通例。德意志帝政时代，是世界著名开明专制的国，他的大学何等自由。那美、法等国，更不必说了。"④ 三个月后，在全体师生的强烈要求下，蔡校长回校复职，其《回任北大校长在全体学生欢迎会上的演说词》曰："诸君都知道，德国革命以前是很专制的，但是他的大学是极端的平民主义；他的校长与各科学长，都是每年更迭一次，由教授会公举的……这是何等精神呵！"⑤ 以德国教育为参照系，强调即便政治专制的国家，大学也有相对的独立与自由。蔡校长组织教授评议会，鼓

---

① 蔡元培：《就任北京大学校长之演说》，见《蔡元培全集》第3卷，浙江教育出版社1996年版，第5页。

② 蔡元培：《北大一九一八年开学式演说词》，见《蔡元培全集》第3卷，浙江教育出版社1996年版，第191页。

③ 蔡元培：《北大一九二二年始业式演说词》，见《蔡元培全集》第4卷，浙江教育出版社1996年版，第263～264页。

④ 蔡元培：《不肯再任北大校长的宣言》，见《蔡元培全集》第3卷，浙江教育出版社1996年版，第298页。

⑤ 蔡元培：《回任北大校长在全体学生欢迎会上的演说词》，《蔡元培全集》第3卷，浙江教育出版社1996年版，第341页。

励学生开展社团活动，反对党派或政府直接控制校园，都是力图在制度上保证大学的"平民主义"与"兼容并包"。

民国时期，追慕德国大学的独立与自由风气的，并非只有蔡元培一人。除了留学生的实地考察，翻译著作的流行，也是理解德国大学精神的重要途径。1916年商务印书馆出版的《德国教育之精神》，对传播德国大学理念，也起到了重要作用。书中称德国大学为"真为自由之神境"，并认为："德国大学之教育主义，可以自由研究四字尽之，德之学校教育，本施极严肃之教育，唯大学则全然不同，而施无制限之自由主义教育。大学教授得以己所欲讲者讲之，大学学生亦得学己之所欲学，潜心干己所欲研究之问题，遂以是为学制而公认之。"①

由此可见，民国时期，德国的教学自由观念已经深入到中国很多教育学人的心中，成为了他们自觉维系和捍卫的信仰。他们中有像蔡元培一样的大学校长，身居高位，以德国大学为模型，结合中国的国情，创办有中国特色的大学，践行着教学自由的理念；有陈寅恪等大学教授群体，在教学岗位以教学自由为宗旨，自由研究，将创新性的知识传授给学生，培育了一批创新型人才，面对政府、宗教等的干涉，敢于直面强权，坚决地同他们作斗争，维护教学自由等。正是有他们的存在，才促进民国时期大学发展的奇迹，才会创造出"西南联大"的奇迹。

---

① ［日］吉田熊次：《德国教育之精神》，华文祺编译，商务印书馆1916年版，第19页。

第二章 民国时期教学自由权的制度创设

第一节 民国时期现代大学的创建与教学自由

一、大学与教学自由的关系

（一）现代大学及其根本特征

英国著名学者哈罗德珀金（HaroldPerGin）教授考察大学的发展过程后，给我们提出过如下的忠告："谁都在谈大学"，但是，"一个人如果不理解过去不同时代和地点存在的不同的大学概念，他就不能真正理解大学"。因为，"过去的希望、抱负和价值观与现代大学概念紧紧结合在一起"。① 哈罗德珀金的话确实应当引起我们认真思考这样两个有关大学的基本问题：第一，大学是什么？第二，大学组织有哪些特征？

从哈罗德的话中可以看到他一个非常明确的观点，即"大学"是一个随时空变化而不同的、动态发展的概念。变化和发展无疑是大学组织所具有的一般特征，但是如果持大学是变化、发展的概念这样一个基本观点去看"大学"，那么由此产生的"大学"定义就含有了人们对大学的价值取向。这恐怕是我们何以能从卷帙浩繁的高等教育文献中找到十几种、几十种甚至更多似同、似不同的"大学"定义的原因。但这也不奇怪，任何事物如果人们认识它的价值角度不同（当然这些不同的价值角度是与人们所处的时空背景相联系的），由此形成的概念自然就很难一致。正如哈罗德所分析的那样，大学

---

① ［美］伯顿·R．克拉克主编：《高等教育新论》，王承绪等译，浙江教育出版社 1988 年版，第 45 页。

"也像其他社会机构一样，从不同的角度——政治的、经济的、组织的、社会结构的、文化的、科学的或政策的角度去看很不相同"。①尽管人们试图去认识的"大学"是完全相同的机构，但由于人们所持的价值取向或认识角度不同，故在识别大学的本质特征、基本属性及形成对大学的价值要求等方面也就难以求同。

根据这样一种要求，我们对"大学"作如下界定：大学是实施高等教育的社会组织。其中包含两层意义：大学是一种"社会组织"（最邻近属），这一社会组织是"实施高等教的"（种差）。毫无疑问，这是一个最能反映大学本质属性且又能适应不同时空背景下各种教育情境的"大学"概念，当然这也是一个更具广泛意义的"大学"概念。

我们看到该定义揭示了各国大学共同的特质。当我们从时间序列上撇开该定义"大学"的历史形式，它反映了各时代大学共有的一般含义。即在任何地方、任何时候，上述大学之定义都有其不变性：大学本质上是以实施高等教育活动为特征的社会组织。于是，这是一个科学的概念。

我们还可以利用"大学是实施高等教育的社会组织"这一基本格式，对"大学"作更精细的表述：大学是实施本科及本科以上学历教育的综合性或多科性普通高等学校。这里我们把"大学"的最邻近属由外延更小的"普通高等学校"替代外延过大的"社会组织"，把"种差"由内涵更多的"实施本科及本科以上学历教育的综合性或多科性的"替代内涵更少的"实施高等教育的"。这一定义有对大学进行科学分类的意义，使大学区别于其他如专科性、单科性、非学历或非正规学历、非全日制的高等教育机构。

在美国等国家，大学一般必须有一个文理学院和两个或更多的专业学院并被认可在广泛的学科领域里有权授予学士以上学位。据1986年由国务院颁布的《普通高等学校设置暂行条例》，大学须符合

---

① ［美］伯顿·R．克拉克主编：《高等教育新论》，王承绪等译，浙江教育出版社1988年版，第44页。

如下条件：（1）主要培养本科以上人才，在文科（含文学、历史、哲学、艺术）、政法、财经、教育（含体育）、理科、工科、农林、医药等八个学科门类中，以三个以上不同学科为主要学科；（2）具有较强的教学、科研力量和较高的教学、科研水平；（3）全日制在校生计划规模在 5000 人以上。

弗勒德利克·伯得斯通在其名著《管理现代大学》中称："大学是我们最伟大且最恒久的社会机构。"① 自有近代大学基本特征的博洛尼亚大学（意大利，1158 年）、牛津大学（英国，1168 年）、巴黎大学（法国，1180 年）等中世纪大学问世以来，大学已经走过了近千年的历史。在这漫长的历史变迁中，许多国家及其制度都发生了根本性的变化，许多社会组织出现了又消亡了，但大学依然存在。大学生命力的恒久性原因何在？查理大学的校长雷尔·马理的回答是切中要害的："我们说它的古老，并不仅仅是出于它的悠久历史的表面的重视，而首先的、也是主要的原因，还在于它是我们为了今天和明天赖以汲取力量的取之不尽的源泉。"②

教育专家安德森在比较了现代大学与中世纪大学的诸多特征后指出："现代大学，即使其机构已经扩大并且变得更加复杂，但在结构上与中世纪大学相比没有发生变化。"③ 没有哪个组织像大学一样受历史影响最深、最持久而能保证其本身结构不变，大学是唯一能称为历史发展文化积淀的产物。大学随着历史进程而不变地追求和传播真理，创造和传播知识的本质属性，构成了世界各国所有大学的共性，即"它们都有共同的价值准则和办学宗旨，吸收着共同的遗产"。④

---

① Frederick E. Balderston. Managing Today's University：Strategies for Viability，Change and Excellence. San Francisco：Jossey-Bass，1995：1.

② 朱伟光等编著：《查理大学》，湖南教育出版社 1996 年版，第 1 页。

③ 《简明国际教育百科全书教育管理》，教育科学出版社 1992 年版，第 289 页。

④ ［澳］马尔科姆·斯基尔贝克等：《高等教育的管理与资金筹措》，载《教育展望》（中文版）1999 年第 3 期。

（二）大学与教学自由的关系

由于大学是传播和创新知识的最主要的场所，这使得其与教学自由天然地结合在了一起。自治是欧洲大学最根本的学术价值。自诞生时，大学就在世俗政权和宗教势力之间寻找自己相对稳定的位置。经过几个世纪的动荡，大学拥有了独立于外部环境的相对的自治权，大学拥有关于教学的内容、学生的入学条件和招生标准，以及教师的权利和责任等方面的自治权，这时的自治权主要相对于大学内部的组织和结构而言，是关于教学和研究领域的决定权。自治源自中世纪的教师或学者行会，其实质是学术自治的内涵。16世纪之后，随着大学内部管理制度的发展，英国的牛津和剑桥大学形成了以行会为基础的现代法人自治制度，美国则在继承中世纪大学学者行会自治传统的基础上，形成"法人和董事会制度结构"。爱德华·希尔斯指出："大学自治是指大学作为一个法人团体享有不受国家、教会及任何其他官方或非官方法人团体和任何个人，如统治者、政治家、政府官员、宣传人员或企业主干预的自由，它是大学成员的自由。这些成员以代表的资格而非作为个人来决定大学自身的管理。"① 大学自治源于高深学问研究的必然要求，实质是指学者自身可以专注于大学事务，专注于学术目标，免受社会外界的不合理干扰。教授治学的含义是指学术共同体自己管理自己的内部事务。从中世纪的师生行会，到现代社会的以实验室、学科、专业为界限的学会，学术研究、学术交流、学术传播以及学术为内容的事务工作，是学术共同体的主要工作内容。他们以学术活动为出发点，在学术中，为学术而学术已经成为一种存在方式、一种精神境界，也是他们活动的逻辑起点。随着知识的迅速发展，学科的分化、高深的发展趋势呈现出学术发展的专业性，学科之外的人几乎无法对高深知识拥有话语权，行业内的交流和评价等应当交予学者自己决定，这不仅是遵照传统，也是现实需要。然而，随着大学逐

---

① 高晓清：《自由，大学理念的回归与重构》，华东师范大学2003年版，第19页。

渐走出象牙塔，学术事务也逐渐遭遇到来自外界的政治、经济、社会机构以及大学自身管理组织的干扰，危及教授自己管理学术事务的权利。因此，我们要保持教学自由的独立价值，我们必须要坚持建立完善的现代大学制度，完善大学自治制度。

二、民国时期现代大学的创建与教学自由

我国自办的新式大学，始于 1895 年（光绪二十一年），由盛宣怀奏办的天津中西学堂的头等学堂（又称北洋西学堂）。这个学堂设有工程、采矿、机械、法律四科，学制为四年。学生毕业后，"或派赴外洋分途历练，或酌量委派洋务职事"。这个学堂于 1900 年被帝国主义侵略军所毁。1903 年复校，改名为北洋大学。北洋大学是我国最早的工科大学，分土木工程、采矿、冶金等科，后又几经变迁，新中国成立后改名为天津大学。

我国近代由政府正式开办的最早的大学，是 1898 年（光绪二十四年）创立的京师大学堂（1901 年同文馆也归并到京师大学堂）。这所大学的创立，是戊戌变法的"新政"措施之一，目的在于"广育人才，讲求时务"。开始建校的方案是要设道学、政学、农学、工学、商科等十科，但在顽固派的反对下，实际上仅办诗、书、易、礼四堂及春秋两堂，性质仍同于旧式书院。1900 年，帝国主义侵占北京，学校被迫停办，1902 年复校，到 1910 年发展为经、法、文、格致、农、工、商七科。1912 年 5 月改为北京大学。北京大学才是中国现代大学建设的开始。

《大学令》以及《国立大学条例》都"以教授高深学术，养成硕学闳材，应国家需要为宗旨"，这与传统大学是封建思想的"卫道士"和官僚的养成所的大学性质截然对立，从而为实现传统大学的现代转向奠定了制度基础。北京大学的改造和蔡元培的名字密切联系在一起。蔡元培早年留学德国，深受 19 世纪德国大学教育观念的影响，注重高深学理的研究，强调"为学术而学术"。他认为，改革旧教育体制存留弊端的根本之途在于"教育独立"，新教育应"超轶乎

政治"。① 1917 年他主掌北京大学后，所实施的一系列改革都与这一思想一脉相承。蔡元培坚持对北京大学改革的"自由人"角色以及对北京大学的苦苦支撑，造就了北京大学浓厚的学术气氛和别具一格的学统，其基本原因是基于他对大学特性的理解和按教育规律办学的主张。他在《就任北京大学校长之演说》中提出改造北大的三项要求："一曰抱定宗旨"，"二曰砥砺德行"，"三曰敬爱师友"。"大学学生，当以研究学问为天职，不当以大学为升官发财之阶梯。"②"大学者，研究高深学问者也。"他多次同学生谈道："诸君须知大学，并不是贩卖毕业文凭的机关，也不是灌输固定知识的机关，而是研究学理的机关。"③

为培养校内的学术气氛，蔡元培提倡"兼容并包"的办学方针。在教师聘任和管理方面，主张"以学诣为主"和不过度干预思想，延聘学有专长者来校任教，辞退旧教员中滥竽充数者；建立研究所，为师生提供进一步研修的学术机构；实行选科制，培养学生对所学专业和课程的兴趣；创办各种刊物，为师生发表学术成果提供园地；组织社团，开展健康有益的活动。

如果说蔡元培在北京大学的改革遵循的是"洪堡传统"，郭秉文在东南大学办学，则完全以美国大学教育制度为蓝本。郭秉文早年留学美国，深谙世界和美国高等教育的发展趋势，主张大学应突破"象牙塔"藩篱，广泛地融入社会生活。为此，郭秉文在管理体制、系科设置、培养目标、课程内容、经费筹措、教学方法等方面都依照美国大学教育制度进行了卓有成效的探索，使东南大学改革更多地具有美国大学的特征。基于学者治校、学术自由的理念，郭秉文首先也从延揽海内外名师开始，而正是一批结构独特，阵容强大，水平整齐

---

① 欧阳哲生：《蔡元培与中国现代教育体制的建立》，载《高等教育论坛》2000 年第 1 期，第 7-22 页。

② 蔡元培：《蔡元培全集》第 7 卷，中华书局 1989 年版，第 199 页。

③ 转引自霍益萍：《近代中国的高等教育》，华东师范大学出版社 1999 年版，第 120 页。

的教师队伍，才使东南大学迅速崛起。

无论是"洪堡模式"还是"美国模式"，都强调大学自治与学术自由的办学理念，都强调大学作为一个自治体所应遵循的办学逻辑。但办学理念属于"形而上"的哲学层面的范畴，要把这种"应然"的办学追求转化为"实然"的办学实践，还必须有赖于一系列具体制度的支撑。蔡先生所极力追求的"教育经费独立"以及在北京大学所推行的制度改革，其目的就是使自治与自由理念得以制度化。他执掌北大的初衷即是希望避开党派干扰，建立一块"学术净土"，[①]因为专制是与知识分子的秉性与"学术自由，兼容并包"的办学理念背道而驰的。正如蔡元培所言："德国革命以前是很专制的，但是他的大学是极端的平民主义。"他们实行教授治校，校长由教授会选举。蔡元培深谙德国大学制度之道，他在出掌北京大学后首先着手组建评议会和各科教授会，打破以前由校长和学监专制的管理体制，让教授和讲师都有机会参与校务管理；设行政会议掌管全校行政大权，并按事务性质，组织 11 个专门委员会分管每一方面的行政事务；设教务会议和教务处统一领导全校的教学工作。这些改革意在为自由研究高深学问建立制度上的稳定性和连续性，"谋以专门学者为本校主体，使不致因校长一人更迭而动摇全校"。即使一年换一个校长，"对于诸君研究学问的目的，是决无妨碍的"。[②]

郭秉文与蔡元培一样，坚持学者治校、学术自由。东南大学校内管理体制实行校长领导下的"三会制"，即评议会、教授会和行政委员会，并首次在国立、公立大学添设董事会。董事会属于全校最高的立法和决策机构，但具体的学术和教学事务仍属教授会、评议会负责。由此，形成了学者治校为中心的、高效率的决策和行政制度。

---

① 张晓唯：《民国时期的"教育独立"思潮评析》，载《高等教育研究》2001 年第 5 期，第 90～94 页。

② 蔡元培：《回任北大校长在全体学生欢迎会上的演说词》，见高叔平编：《蔡元培教育论著选》，人民教育出版社 1991 年版，第 233 页。

第二节　民国时期教学自由权的法律规制

一、民国时期教学自由权的宪法保障

作为国家的根本法，宪法对教学自由①的实现有特别重要的意义。世界各种对教学自由的宪法保障主要有两种方式：第一种是在宪法中直接列出保护教学自由的条款。最早以宪法条款方式保障教学自由的是开创近代教学自由之风的普鲁士王国（德国）。1949 年，普鲁士王国制定的"法兰克福宪法"草案第 15 条首次出现了"学术及其教学时自由的"条款。② 这一规定又被普鲁士宪法采用，规定在其第 20 条中。1919 年，德国《魏玛宪法》第 142 条规定："艺术、学术及其教学是自由的。国家应予保护并奖励之。"③

此后，这一方式被各国效仿，成为常例。例如日本宪法第 23 条就规定："学问自由应保障之。"联邦德国基本法第 5 条也规定："艺术与学术、研究与教学是自由的。"韩国宪法第 19 条也规定"国民有学术之自由"。意大利宪法第 33 条规定："艺术及科学皆属自由，其教学亦自由为之。"菲律宾 1987 年宪法也规定："一切高等院校应享受学术自由。"④

另外一种方式，是以法律判例的形式来保护教学自由。这主要存在于具有判例法传统以及拥有违宪审查权的国家。例如，美国虽然没

---

① 国内对国外宪法中涉及教学自由的条款，通常是用学术自由来表述，本书认为教学自由乃学术自由之一个重要组成部分，因而将国外宪法规定学术自由的条款，也视为是对教学自由的保障。为了表述方便，统一使用"教学自由"这一词汇。

② 参见周志宏：《学术自由与大学法》，蔚理法律出版社 1989 年版，第 6 页。

③ 周志宏：《学术自由与大学法》，蔚理法律出版社 1989 年版，第 6 页。

④ 参见周志宏：《学术自由与大学法》，蔚理法律出版社 1989 年版，第 6 页。

有直接的宪法条款来保护教学自由，但却以一系列的法律判例使其获得了宪法的保障。

中国最早拟议将保护学术自由的条款写入宪法的是张君劢。民国时期，宪法明确规定学术自由条款的，最早出现在 1922 年由全国商会联合会及全国教育联合会等八个团体在上海召开的"国是会议"所提出的宪法草案。草案第 79 条规定："中华民国人民有言论、著作及刊行之自由，非依法律不受限制。"第 91 条规定："学术研究为人民之自由权，国家宜加以保护，不得限制之。"① 其后，制定的一系列宪法草案均有保护学术自由的条款。然而，在国民政府通过的正式宪法中，学术自由的条款却未被采纳。但是，在 1923 年公布的《中华民国宪法》中，仅有保护言论、著作及出版自由之条款，而无明确保护学术自由之条款。在此之后，1930 年，国民党发表的"中华民国约法草案"第 190 条为："学术研究及思想与社会秩序无直接妨害者，应保障其自由。"但是，1936 年正式公布的《中华民国宪法草案》，同样仅有保护言论、著作及出版自由之条款，而无明确保护学术自由之条款。抗战结束后，对"宪法草案"进行了修改，成《中华民国宪法》，该法第 11 条规定："人民有言论、讲学、著作及出版之自由。"明确提出了教学（讲学）自由。

二、民国时期教学自由权的法律规定

教学自由并非无限制，历史传统告诉我们，权利的享有必须以一定的政策或法规作为限制和保障，只有这样学者才能够真正地获得自由。大学作为特殊的社会组织，它的存在必须依赖于社会的政策支持，因为，在强大的外界干预下，仅凭大学的"大学自治和教授治学"无法阻挡各种干扰，从这种意义上说，大学中的自治，对学术领域内的学术活动、学术事务、学术关系等事务进行管理，不能完全排斥政府、社会等外界因素，而必须得到社会的肯定和支持。"学术

① 参见周志宏：《学术自由与大学法》，蔚理法律出版社 1989 年版，第263 页。

自由的长久实现必须由社会公共利益的当然代表——国家政府，用具有普遍社会约束力的法律法规保证其强制实施，任何组织和个人（包括国家政府本身）都必须遵守和维护。"① 现代社会中，国家的教育法规的健全是教学自由实现的根本保障。

西方诸国除在宪法上肯定教学自由为基本权利之外，还辅之以配套的法律规范确保学术自由的贯彻与落实。如德国不但宪法规定了学术自由作为基本权利受保障，在《高等教育总法》（1976 年）更是明确地将研究自由、教学自由、学习自由作为三大学术自由进行保护。除宪法之外，日本不但以《教育基本法》重申"要尊重学问自由"，而且以《公务员特别条例法》规定大学教师是国家的特殊公务员，其学术自由不因公务员身份受影响。另外，还以《学校教育法》具体规定教授会的地位与权利。② 在美国，为了切实保障学术自由，1915 年成立了"美国大学教授协会"（AAUP），发表了旨在保护学术自由的"原则宣言"，提出了两点主张：长期聘任制度与教授会裁判制度，实质上提出了学术自由实现的物质保障问题，即使教授在从事学术研究时无生活之虞。因为学术活动源于一种闲逸的好奇心，唯有可靠的物质保障才能呵护这种好奇心。其后 AAUP 又先后于 1925年、1940 年、1970 年、1990 年发表了一系列的"原则声明"，建立了一整套学术自由的制度。这些"原则声明"被美国法院引用，具有了一定的法律效力。

要想保证教学自由的切实实现，仅靠宪法的规定是远远不够的。宪法作为一国根本大法，虽然具有最高的法律效力，但是由于它的宏观指导性、直接适用性不强等特点，决定了它的贯彻落实要靠其他手段来辅助。根据宪法的基本原则，来制定法律、行政法规、地方法规等，是贯彻实施宪法的一个重要手段。当一个国家暂时还未将一项权

---

① 孔垂谦：《论大学学术自由的制度根基》，载《江苏高教》2003 年第 2期。
② 陈列：《关于西方学术自由的历史演进》，载《世界历史》1994 年第 6期。

利上升为宪法权利时，法律的保障也就显得至关重要了，例如日本的《教育基本法》即被视为"教育宪法"，对日本教育界的作用可见一斑。民国时期，历届政府十分重视对教育立法工作。据统计，从1912年中华民国诞生，到1927年国民党统一中国，成立南京政府，这一时期民国政府共颁布了340余件重要的教育法。① 其中很多法规都是规范大学及教学自由的。

辛亥革命后，南京临时政府教育部就废除了清末的教育制度，于1912年先后颁布了《大学令》、《大学规程》、《专门学校令》和《专门学校规程》等专门规范大学的法规，使中国高等学校向近代化迈出了更近的一步。1917年，北洋政府教育部又颁布了《修正大学令》、《国立大学条例》等。

民国时期颁布的高等教育方面的法律法规、行政规章有300余件，比如《专门学校令》（1912年10月22日）、《大学令》（1912年10月24日）、《私立大学规程》（1913年1月16日）、《高等师范学校规程》（1913年2月24日）、《修正大学令》（1917年9月27日）、《大学组织法》、《专科学校组织法》、《大学规程》、《专科学校规程》、《私立学校规程》、《大学研究院暂行组织规程》、《学位授予法》、《师范学校规程》、《教育部学术审议委员会章程》、《大学及独立学院教员聘任待遇暂行办法》、《国立各大学师范学院院务处理办法》、《大学研究所暂行组织规程》、《大学法》、《专科学校法》等。其中尤以教育部1912年10月24日公布的《大学令》、1929年7月26日公布又于1934年4月28日国民政府修正公布的《大学组织法》、1947年的《大学法》、《专科学校》等最具影响力。

1912年颁布的《大学令》是中国现代史上第一部教育行政法规，其中有多处条款都与教学自由有关，如其规定了大学的宗旨是教授高深学术，养成硕学闳材。它还规定大学设立评议会，以各科学长及各科教授互选若干人为委员，并规定了其职权包括：各学科的设置与废

---

① 参见宋恩荣、章咸主编：《中华民国教育法规选编》，江苏教育出版社1990年版，第716~729页。

止；讲座的种类；大学内部规则；审查大学院生成绩及申请学位者是否合格。此外，大学各科也设教授会，教授会的职权有：学科课程的决定，学生考试事项等。可以说，当时大学的学术权利都掌握在教授们的手中，从法律上看实现了"教授治校"的制度，这为教学自由的实现提供了重要的制度保障。

1917 年教育部颁布的《修正大学令》，废除了各科教授会，规定涉及一科或数科的事项由各科评议员自行议决。它还规定了正教授、教授、讲师等由校长聘任，并呈报教育总长，这样就将教员招聘权掌握在大学校长手中。1924 年颁布的《国立大学条例》，其规定国立大学教师分为正教授、教授以及讲师三级，聘任权归属于校长。国立大学设立评议会，由校长、正教授及教授互选若干人组成，负责评议学校内部事务以及各项规章等；还恢复设立了各科、各学系及大学院的教授会，由本学系及大学院的正教授、教授组成，负责课程设置等学术事项。

南京国民政府成立之后，也颁布了多部教育行政法规，以规范大学运行，其中许多条款都涉及"教学自由"的保障。1929 年 7 月和 8 月，教育部先后颁布了《大学组织法》与《大学规程》。它们规定了教授、副教授、讲师及助教均由院长协商并请校长聘任，从而将聘任权集中到了校长手中；取消了评议会，改设校务会议，以全体教授、副教授所选出的代表若干人及校长、各学院院长、各系主任组织而成，校长为主席。这样就增加了大学管理的行政法色彩，"教授治校"权受到了限制，这无疑不利于教学自由的实现。

1929 年，教育部还公布了《私立学校规程》，首次对私立学校的设立、董事会的组织及职权作了详细规定。其中最值得注意的是，该规程规定"关于学校行政，由校董事会选任校长或院长完全负责，校董事会不得直接参与。所选的校长或院长应征得主管教育行政机关的认可，如校长或院长失职，该董事会可随时改选之。该规程第 19 条第 3 项还规定"主管教育行政机关如认为校董事会所选任的校长或院长不称职时，可以命令校董事会另选之，另选仍不称职，得由主管教育行政机关暂时任命。校董事会发生纠纷以致停顿时，得由主管教育行政机关令其限期改组"。这标志着南京国民政府对私立大学行政干涉的加强。

1948 年,国民政府颁布的《大学法》,沿袭了大学组织法的规定,并作出了一些修正:(1)明确规定"大学依中华民国宪法第 158 条之规定,以研究高深学术,养成专门人才为宗旨",为大学的设立宗旨提供了宪法上的依据。这在客观上为教学自由的实行提供了价值支撑。(2)将国、省、市立大学校长规定为兼任行政官员,私立大学则由董事会聘任,呈报教育部备案。由此可见,国、省、市立大学的校长彻底成为国家的公务员,教育进一步行政化,国家对教学的干预强化到一个新的高度。对于私立大学的校长任命,政府也进行了干涉,这是对教学自由的进一步侵夺。(3)大学校务会议的成员被修正为:"以校长、教务长、训导长、总务长、各学院院长、各学系主任及教授代表组织之,校长为主席,教授代表之人数,不得超过前项人员之一倍,也不得少于前项其他人员之总数。"虽然说教授的人数仍然至少超过半数,为"教授治校"保持了最后的尊严,但是,副教授被排除在外,以及行政人员为当然成员的做法,也将教学自由遏制到岌岌可危的地步。

这一时期,南京国民政府还颁布了多部专门的单行教育行政法规与规章。例如在教师资格管理方面,有 1927 年 6 月颁布的《大学教员资格条例》;1940 年 10 月公布的《大学及独立学院教员资格审查暂行规程》,规定"大学及独立学院教员分教授、副教授、讲师、助教四等","教员等别,由教育部审查其资格定之"。

关于教师待遇制度的则有,1942 年 7 月,教育部颁布的《大学及独立学院教员人数暂行标准》。另外,还制订了诸如《国立专科以上学校教授休假进修办法》、《教员服务奖励规则》、《专科以上学校教员奖助金办法》、《学校教职员退休条例》、《学校教职员抚恤条例》等。

在教学管理方面,1939 年 8 月,教育部颁行了《修订大学文理法师范各学院分系必修及选修科目表施行要点》,1944 年作修正。1941 年 11 月,教育部公布了《专科以上学校学生学籍规则》。

在研究生教育方面，1934 年 5 月教育部颁布了《大学研究院暂行组织规程》，规定"大学为招收大学本科毕业生，研究高深学术，并供给教员研究便利起见，设研究院"，"各研究生研究期限暂定为至少 2 年"。1946 年，教育部公布了《大学研究所暂行组织规程》，取消了研究院建制，并规定"各研究所之研究生以公立及立案之私立大学或独立学院毕业生公开考试录取者为限，并不得限于本校毕业生"。

在学位授予方面，1931 年，国民政府公布了《学位授予法》，1935 年教育部公布《学位分级细则》和《硕士学位考试细则》，其规定："学位分学士、硕士、博士三级"。

由此可见，民国时期针对高等教育的立法数量繁多，形成了一个比较完整的教育法规体系。据统计，在 1936 年教育部公布的《教育法令汇编》中共列有各种教育法规 35 项，其中高教法规 42 项；1946 年汇编的教育法规有 409 项，高教法规为 149 项；1947 年汇编的教育法规为 295 项，其中高教法规 64 项；在 1930 年至 1945 年的 15 年内，高等教育法规就有 335 项。[1] 从法律效力上看，有相当于"教育基本法"的《中华民国教育宗旨及其实施方针》，有教育行政法规，如《大学法》、《大学组织法》、《学位授予法》等，还有部门规章，如《大学规程》、《私立学校规程》、《教育部处务规程》等，此外还有一些"条例"、"细则"、"办法"等。

第三节 教育独立运动及其发轫的制度创设

一、民国时期教育独立运动概述

"教育独立"主张由来已久。清末，章太炎即提出教育独立的设想："学校者，使人知识精明，道行坚厉，不当隶政府，惟小学与海

---

① 参见夏天阳：《高等教育立法引论》，上海科学技术文献出版社 1993 年版，第 92 页。

陆军学校属之，其他学校皆独立。"① 其主旨是摆脱清政府对中等以上学校的干预，保证学术、教育的自由发展。与此同时，严复亦主张"政、学分途"，② 而王国维更明确强调："学术之发达，存乎其独立而已。"③ 西方观念的启悟和中国书院的传统，使得上层知识界对学术和教育相对独立于政治已有了清晰的近代意识。

1912 年，蔡元培作为民国首任教育总长发表《对于新教育之意见》，其中论及政治家与教育家的区别：政治家是以谋现世幸福为其目的，而教育家则以人类的"终极关怀"为其追求；故而前者常常顾及现实，而后者往往虑及久远。因而他主张共和时代的教育应当"超轶于政治"。④ 此番议论，颇令时人耳目一新。蔡氏也确能"知行合一"，在民国肇始、党争甚烈的政治环境中，他组建北京教育部，全然不顾党派之分，请出教育专家、共和党人范源濂作次长，称"现在是国家教育创制的开始，要撇开个人的偏见、党派的立场，给教育立一个统一的智慧的百年大计"。显然，他在向世人表明教育的超然地位，也因此招致国民党内胡汉民诸人的不满和指责。

蔡元培认定大学教育对国家发展具有引领和校正作用，他服膺德国洪堡等人的大学教育思想，注重高深学理研究，信奉学术至上和大学自治，为此着力营造"思想自由"的氛围，使得北京大学的改革成效显著。蔡本人虽隶属国民党，但任职北大期间却几乎成为"自由人"。他力求避开党派干扰，建立一块学术净土；即使南方"护法"另建中枢，他依旧我行我素，独立行事，因而能够"领袖群伦"，深得自由派知识分子真心拥戴。然而1919 年后，北方的办学环

---

① 章太炎：《代议然否论》，载《章太炎全集》第4卷，上海人民出版社1985年版，第306页。

② 严复：《论治学治事宜分二途》，载《严复集》第1卷，中华书局1985年版，第89页。

③ 王国维：《论近年之学术界》，载《王国维文集》第3卷，中国文史出版社1997年版，第39页。

④ 蔡元培：《对于新教育之意见》，载《蔡元培全集》第2卷，中华书局1984年版，第130~133页。

境明显恶化，内战连年，政局动荡，国立各校经费奇缺，备受困扰，师生罢教罢课风潮迭起，大学教育面临生存危机。于是，教育界要求"独立"之声大起，从具体的教育经费独立，到"形而上"的教育体制独立，从而汇成一股"教育独立"思潮。

1922年初《教育杂志》、《新教育》先后刊发李石岑、周鲠生、郭梦良等人研讨"教育独立"的文章，其中蔡元培《教育独立议》堪称代表作。此时蔡主持北大已5年之久，又刚从欧美考察归来，他明确提出："教育事业应当完全交与教育家，保有独立的资格，毫不受各派政党或各派教会的影响。"因为政党要制造一种特别的群性，抹杀个性，又追求近功，与教育的长远目标不相宜，若将教育权交与政党，政党更迭，教育政策一变再变，教育即难有成效；教会信守教义，妨碍信仰和思想自由，若将教育权交与教会，教育难有活力。他主张仿行外国的大学区制，实施超然独立的教育体制。

对此，教育界人士多有回应，其中以胡适的态度最引人注目。这位"五四"时期的"典范人物"对蔡氏上述主张极为赞成，同年5月他在燕京大学座谈时反复引述《教育独立议》的观点，将之奉为圭臬。直至1937年抗战之初，胡适参加庐山谈话会，议及教育，他老调重弹，申明"教育应该独立"的意见："其涵义有三：（1）现任官吏不得做公、私立大学校长、董事长；更不得滥用政治势力以国家公款津贴所长的学校。（2）政治的势力（党派的势力）不得侵入学校。中小学校长的选择与中小学教员的聘任，皆不得受党派势力的影响。（3）中央应禁止无知疆吏用他的偏见干涉教育，如提倡小学读经之类。"时值国难，胡适非但没有暂时收起"教育独立"主张，反而加倍强调，其用意是借抗战契机，革除国民党官僚肆意插手教育的流弊，以维护文教事业，因为他认定"文化不亡则民族终不会亡"。

即使在抗战期间，教育界仍有"独立"之声，以至与国民党战时体制发生抵触。1941年，接替罗家伦担任中央大学校长的顾孟上任伊始，便在校内宣明："学术思想自由，一切党派退出学校"，颇得广大师生欢迎，也因之与最高当局发生"龃龉"，终于不得不挂冠而去。① 顾氏早年任职北大，曾作为教务长协理校务，熟悉北大的自由传统。后来从政，属汪精卫一派，抗战时与汪绝交，留在重庆，但对蒋介石并不顺从。他在中央大学的不同寻常之举，固然不无政治因素，然其知识分子的本性决定了他主持大学的某种必然选择。

二、"教育独立思潮"下的制度创设及践行

在教育独立运动中，教育家们提出了一系列的制度创设主张，其中最主要的就有大学区制。实际上，在民国初年的教育管理体系中，一直存在大学区这个概念和实际划分。袁世凯时期制定《教育纲要》，拟议将全国分为 4 个大学区。汤化龙出任教育总长后，改为 6 个大学区。民国七年（1918 年）范源濂任教育总长时，又增至 7 个大学区。如第一大学区为直、鲁、豫三省，分科大学设在北京。如此划分似是作为一种区域管理设想，尚未真正实施。

不过，1922 年 6 月胡适与北大同仁讨论高等教育时曾提议："第一大学区（北京）国立各校合并。"可知，大学区的划分在教育界得到某种认可，同时也显示，1927 年后试行大学区制并非毫无基础。当然，大学区制的底本主要取自法国制，少量参用美国、德国制。据蔡元培在《教育独立议》中设想："分全国为若干大学区，每区立一大学，凡中等以上各专门学校都可设在大学里面，一区以内的中小学校教育，与学校以外的社会教育，都由大学办理。大学事务，由大学教授所组织的教育委员会主持。大学校长，也由委员会选出。由各大学校长组成高等教育会议，办理各大学区间的事务。教育部专办理高等教育会议所议决事务之有关系于中央政府者，及其他全国教育统计与报告等，不得干涉各大学区事务。教育总长必经高等教育会议承认，不受政党内阁更迭影响。各区教育经费，从本区中抽税充用，较为贫乏的区，经高等教育会议议决后，得由中央政府拨国家税补

---

① 参见刘作忠：《顾孟余其人其事》，载《团结报》文史版 2001 年 3 月 17 日。

助。"① 其核心是由教育家办教育，排除行政系统的干预，实现"教育独立"。

1927 年 6 月，蔡元培出任大学院长，同时变更教育行政制度，在地方上实行大学区制，由大学区内的核心大学校长代行省教育厅长职能，以使教育、学术合一。首先在苏、浙两省试行，渐次推向全国。大学院的实际功能虽与教育部无异，但下设的大学委员会由各大学校长及主管官员、知名学者组成，决定全国教育学术大政，是体现"教育独立"主旨的关键机构。蔡元培等人在国民党初建全国政权之际，利用元老地位和影响，凭借行政力量，意欲改变北洋时代官僚化教育体系，创立新型的教育机制。

可是，大学区制一旦移植到中国的土地上，迅即成为"逾淮之橘"。试办的浙江大学区尚差强人意，而江苏大学区则风潮迭起，无日不在扰攘之中。人们批评大学区促使大学教育畸形发展，偏重学术而忽视教育，行政效率极低，且被少数人操纵，不仅不能使政治学术化，反而使教育官僚化。江苏大学区中等学校教职员联合会发表宣言称："盖以现社会实情言之，则学术之空气未浓，而官僚之积习方深。以学术机关与政治机关相混，遂使清高学府，反一变而为竞争逐鹿之场。"②

此种情况大大出乎蔡元培的意料，当李石曾执意试办更大的北平大学区时，他主张审慎行事，与李发生分歧。北平大学区引发更大的风潮，影响甚烈，国民政府于 1929 年夏宣布停办大学区，大学院随即改为教育部，蔡、李的改制以失败结束。胡适曾预言"法国式之不易行于中国（蔡先生的主张是法国式的）"，③ 结果被他言中了。后人分析其失败原因认为：（1）模仿失当，变更太骤；（2）政治不稳，基础未固；（3）留学派别之争，主要是留日派势力大，反对激

---

① 蔡元培：《教育独立议》，载《新教育》第 4 卷第 3 期，1922 年 3 月。
② 上海《时事新报》1928 年 7 月 1 日。
③ 陶英惠：《蔡元培与大学院》，陈哲三《中华民国大学院之研究》，见黄肇珩：《一代人师——蔡元培传》。

烈；（4）蔡元培与李石曾等发生裂痕，失去支持；（5）教育独立与
"党化教育"不符；（6）经费不足。① 显然，蔡、李诸人未能细致考
量大学区制在中国的可行性，未免凭想当然行事，预备不足；且选择
试办区域缺乏策略，以至一地失败，全盘皆输。更为重要的是，此番
"教育独立"试验是在中国政治由分权向权力重新整合的短暂过渡期
内进行的，其自由化主旨与集权趋势格格不入，势难长久。

第四节　民国时期"教授治校"制度的创设与确立

一、教授治校与教学自由权概述

教授治校作为一种大学管理模式启蒙于中世纪的法国巴黎大学，
到19世纪的德国柏林大学得到充分发挥。柏林大学建立在洪堡设计
的学术自由、教研结合和通识教育的三大基本原则之上，其中洪堡认
为，学术自由指大学纯粹是为了学术的发展而存在的，大学的特征在
于将学问看做是没有解决的问题不断地进行研究，大学的教师和学生
都应为学问而不断地研究、追寻学问是大学必须坚持的原则。因此，
大学必须有一群对学术充满热情、笑对寂寞的学者，他们不受国家的
管束，不受名利的牵制，完全服从科学的内在要求，自由自在地进行
科学的探索。由此看来，教授治校的基本含义是教授（大师级的教
授）应在大学的决策与管理中起决定性的或主导作用，而大学的行
政机构则起服务与辅助作用。通俗地说就是让内行人做内行的事。在
这个阶段，由于教授拥有绝对的权威，使教授有足够的权力和自由，
按照学术的规律来决定教学、科研等事务，让学术在正确的轨道上得
以继承与发展。由于当时大学教育属于精英教育，学校规模不大，比
较容易管理，使得教授有足够的热情和精力来管理校务和进行学术研
究。此时科层架构"寄生于"学术架构之中，同时高等院校和社会

---

① 中国社会科学院近代史研究所中华民国史研究室编：《胡适的日记》下
册，中华书局1985年版，第358页。

的联系比较少，高等院校的社会功能较弱（此时高校可以被称之为"象牙塔"），使得较为纯粹的"教授治校"得以存在。

但是事务往往具有双重性，"教授治校"也是如此：（1）当给教授足够权威的时候，也就产生了滥用权威的可能性，如果缺乏相应的监督机制，聘用教授人选时犯下用人错误，就会对学科发展产生难以挽回的影响。（2）"天下熙熙，皆为利来；天下攘攘，皆为利往"，像其他所有社会组织一样，大学中也存在着代表不同利益的集团，他们相互之间为自己的利益进行着冲突和竞争。由于教授在学校里处于绝对权威的地位，因此，切断了其他人参与管理与决策的机会，压抑了年轻人的发展，损害了其他集团的利益，影响团队的凝聚力。（3）学校从其本质上说是一个社会组织机构，花着纳税人的钱，就应该有义务和责任对社会问题和社会现象进行研究，而在教授治校的学校里，教授拥有绝对的权威，其研究兴趣往往是个人的喜好，对社会问题和社会现象关注得不够，阻碍了新学科与新知识的产生。19世纪上半叶，随着知识的专业化和专业的不断分化以及新学科在大学中得到认可等变化，已经足以使高等学校发生从量变到质变的转变。学校作为一个"有生命的社会组织"，它们之间原有的平衡被打破了，学校要生存必须要适应社会这个环境，要进化。美国率先在高等院校成立了教授会，在学校里设置了系，这个改进促使美国的高等教育成为世界高等教育的中心。

随着精英教育的结束、大众化教育的到来，学校规模的空前扩大，学校的社会功能得到足够延伸。高等院校的事务越来越复杂化和多样化，受到社会和公众的关注也越来越多，高校的教授身处在两个架构当中，已经没有精力来同时管理好学术和行政两方面的事。曾有人以美国几百所大学的资料为基础，把教授的参与分成两类，一类是学术性的参与，包括课程设置、专业设置、评定教授标准的参与等，另外一类是资金分配等行政性事务的参与。结果发现：教授如果只是参与学术性的管理，那么参与度越高，学校的业绩表现越好；而教授对于行政性管理的参与则相反，参与越多，学校业绩表现越差。为了适应高等教育大众化的来临，高等院校就必须形成一种更为复杂的社会组织，不但有学术架构，科层架构也应以独立的形式存在，并获得足够的权力。学校的管理专业化越来越突出，管理成了一门专业知识，相应的教授或教授会的权威不可避免地在管理层面相对减弱。同时由于教学任务的增加，普通教授（师）也要求分得一部分的权力。因此"教授（师）治学、行政管校"成为现今学校的一个现象。大家都普遍认同，高校有三个基本的功能：培养人才、科学研究和社会服务，这三个功能通俗地说就是知识的传播、创新和应用，这三个的载体是教授（师），由此看来高校的行政管校其目的应该是为教授治学服务的。从仿生学的角度来看，教授治学就是学校的大脑进行思考、下达命令，行政治校就是人的器官来完成大脑的命令，究其本质，现今的"教授（师）治学、行政管校"和过去的"教授治校"是一样的，都是内行人干自己内行的事。

中国传统的政教合一传统，使得中国必须要格外重视教授们学术权力的维护，因而建立"教授治校"制度显得尤为重要。教授治学制度的确立，使得教授对于学术管理具有发言权和决策权，从而成为阻止大学行政权力扩张的制度堡垒，有利于防止行政权力的泛化和学术权力的行政化与官僚化，从而保持大学的学术本色，教授治学对平衡行政权力和学术权力有着极为重要的作用。民国时期的教育家和大学校长们正是看到这一点，从大学兴办之初，就注重"教授治校"制度的建设。

二、民国时期教授治校的创设

1912 年，中华民国教育部制定并颁布的《大学令》明确规定，大学实行评议会和教授会，实行教授治校制度。《大学令》中与教授权力相关的条款如下：

第 16 条大学设评议会，以各科学长及各科教授互选若干人为会员，大学校长可随时齐集评议会，自为议长。第 17 条评论会审议下列诸事项：（1）各学科之设置及废止；（2）讲座之种类；（3）大学内部规则；（4）审查大学院生成绩及请授学位者之合格与否；（5）教育总长及大学校长咨询事件。第 18 条大学各科设教授会，以教授为会员；学长可随时召集教授会自为议长。第 19 条教授会审议下列诸事项：（1）学科课程；（2）学生试验事项；（3）审查大学院生属于该科之成绩；（4）审查提出论文请授学位者之合格与否；（5）教育总长、大学校长咨询事件。①

《大学令》以法律的权威赋予大学教授拥有参与大学管理的权力，这在我国现代大学发展史上具有里程碑的意义。何炳松在评价这个法令时说："《大学令》中最可注意的特点就是全校的评议会和各科的教授会的设置，这是现代所谓'教授治校'制度的起源。"②

根据《大学令》的规定，时任山西大学校长的高时臻于 1912 年 11 月主持成立了学校评议委员会和各科教授会。经两会酝酿讨论，制定并通过了《山西大学校学则》。《学则》是山西大学校在民国期间建立的第一部学校规则，为学校摒除封建学制建立资产阶级共和国的新教育体系奠定了基础。③ 北京大学则于 1915 年 11 月，在胡仁源校长的主持下，设立了北大首届评议会，由每科选举评议员 2 人组成。当选的评议员为：文科陈黻宸、辜鸿铭，理科冯祖荀、俞同奎，法科张耀曾、陶孟和，工科温宗禹、孙瑞林，预科朱锡龄、张大椿，校长胡仁源为评议会会长。④

由于袁世凯称帝导致复古逆流泛起，新文化运动之前我国近代大学中的封建思想和官僚气息依然十分浓厚，虽然在这个时期山西大学和北京大学进行了一些民主主义的改革，但是步履维艰。1917 年蔡元培就任北大校长时发现："一切校务都由校长与学监主任庶务主任

---

① 《1912 年 10 月 24 日教育部公布大学令》，见朱有瓛：《中国近代学制史料》第 3 辑下册，华东师范大学出版社 1992 年版，第 2 页。.

② 何炳松：《最近三十五年中国之大学教育》，见《何炳松文集》第 2 卷，商务印书馆 1996 年版，第 545～546 页。

③ 参见山西大学校史编纂委员会：《山西大学百年校史》，中华书局 2002 年版，第 31 页。

④ 参见梁柱：《蔡元培与北京大学》，北京大学出版社 1996 年版，第 33 页。

少数人办理，并学长也没有与闻的"，① 更别说普通的教授参与校务了。因此，"实际上，直到蔡元培1917年从德国归来担任北京大学校长以前，这个教育法令中有关大学自治的规定从来没有真正付诸实现"。②

但是，教授治校制度的确立引导和激励着新兴学术力量的成长，而现代知识分子的出现也要求教授治校制度来保护学术的健康发展，因此，在蔡元培改革北大之前，教师对大学实行民主管理已有了自觉意识，并明确要求切实落实教授治校制度了。沈尹默在《我和北大》一文中记载，蔡元培出任北大校长不久，他就曾与蔡校长作过一次长谈，向蔡元培提出了三点改革建议，其中第二点便是建议建立评议会。他是这样向蔡元培表达的："北大的章程上规定教师组织评议会，而教育部始终不许成立。中国有句古话：百足之虫，死而不僵。与其集大权于一身，不如把大权交给教授，教授治校，这样，将来即使您走了，学校也不会乱。因此我主张您力争根据章程，成立评议会。"他还说："蔡先生，这次北洋政府借您的招牌来办北大。到了有一天，您的主张和政府有所不同，他马上就会赶走您。所以，您现在对北大进行改革，但有一点要注意，凡改革一件事，要拿得稳，不然的话，一个反复，比现在还坏。"③

蔡元培采纳了沈尹默的建议，坚定地推行教授治校制度，"从1917年到1919年仅仅两年多的时间"，就"把北大从一个官僚养成所变为名副其实的最高学府，把死气沉沉的北大变成一个生动活泼的

---

① 蔡元培：《回任北大校长在全体学生欢迎会上演说词（1919.9.20）》，见中国蔡元培研究会编：《蔡元培全集》第3卷，浙江教育出版社1997年版，第693页。

② ［加］许美德：《中国大学1895—1995：一个文化冲突的世纪》，教育科学出版社2000年版，第67页。

③ 沈尹默：《我和北大》，陈平原、夏晓虹编：《北大旧事》，三联书店2003年版，第170页。

战斗堡垒"。① 蔡先生能够在短期内使积弊深重的北大焕发青春生机，这既是蔡先生大刀阔斧建功立业的个人能力的结果，更是他敏锐地洞察了学术转型过程中要求实行学术民主管理的趋势，并顺应了这种发展趋势的结果。

1917 年蔡元培出任北大校长，当年，他便组织成立了评议会，制定了《北京大学评议会规则》，有关条款如下：

第 1 条本会以下列人员组织之：（甲）校长，（乙）学长及主任教员，（丙）各科教授，每科二人，自行互选，以 1 年为任期，任满得再被选。第 2 条本会设议长一人，以校长任之，书记一人由会员中推举。第 4 条本会讨论下列各事项：（甲）各学科之设立及废止，（乙）讲座之种类，（丙）大学内部规则，（丁）关于学生风纪事项，（戊）审查大学院生成绩及请授学位者之合格与否，（己）教育部长及校长咨询事件，（庚）凡关于高等教育事项将建议于教育部长。第 7 条本会非有过半人数以上列席，不得决议事件。②

随着评议会工作的开展和经验的积累，1920 年春，又对评议会规则进行了较大修订，由原来的 8 条增加为 15 条，内容更为具体、全面，尤为重要的是，它强调了评议会组成人员的教授资格和评议员产生的民主性，突出了评议会立法内容的广泛性和权威性。

蔡元培在创建评议会时认为：在学校中，校长与学长仍是少数，所以第二步组织各门教授会，由各教授与所公举的教授会主任，分任教务。③ 1917 年，《北京大学评议会规则》出台的同时，也制定了《北京大学学科教授会组织法》，有关条款如下：（1）本校各科各门之重要学科，各自合为一部。每部设一教授会。其附属各学科，或以

---

① 冯友兰：《我所认识的蔡孑民先生》，陈平原、郑勇编：《追忆蔡元培》，中国广播电视出版社 1997 年版，第 163 页。

② 朱有瓛：《中国近代学制史料》第 3 辑（下册），华东师范大学出版社 1992 年版，第 61 页。

③ 参见蔡元培：《回任北大校长在全体学生欢迎会上演说词 (1919.9.20)》，见中国蔡元培研究会编：《蔡元培全集》第 3 卷，浙江教育出版社 1997 年版，第 693 页。

类附属诸部，或依学科之关系互相联合，组合成部。每一合部，设一教授会。例如：国文部、英文部、哲学部、史学部、数学部、物理学部、化学部、经济学部、法律学部、政治学部皆可各自成部，自设教授会。又如：生物学、社会学、人类学之类，可依类附属诸部。又如：德文、法文、拉丁文可联合组成合部。（2）每一部教员，无论其为研究科、本科、预科教授、讲师、外国教员，均为本部教授会之会员。（3）每部设主任一人，任期 2 年，由本部会员投票选举之。……（7）凡关于下列诸事，本部教授会皆有参与讨论之责：本部之教授法良否，本部教科书之采择。（8）凡关于下列诸事，本部教授会皆有参与讨论之责：本部学科之增设及废止，本部应用书籍及仪器之添置。①

自 1918 年 1 月起，北京大学各门相继成立教授会。1919 年废学门改为学系后，则相应地改为各学系教授会。在建立大学评议会、各学门（系）教授会的基础上，蔡元培又先后建立了北京大学行政会议和北京大学教务会议。行政会议"协助校长规划推行各部分事务"，由各常设行政委员会委员长组织之，校长为当然议长，教务长为当然会员，总务长为当然会员兼书记。各委员会委员由校长从教员中指派，征求评议会同意。教务会议负责全校教务，由教务长及各学系主任组成。除此之外，北京大学还设立总务处，"管理全校之事务"。总务长由校长从总务委员会中选任，必须由教授担任（教务长不得兼任）。②

这种以校长为核心，以评议会为立法机关，以行政会议、教授会议、总务处为行政机构，以教授为各机构成员或领导力量的管理体制，充分发挥了教授在学校立法、行政管理中的积极作用，"有效地破除了旧北大校长、学长垄断专制之弊，使教授通过自己的代表人

---

① 朱有瓛：《中国近代学制史料》第 3 辑下册，华东师范大学出版社 1992 年版，第 61～62 页。

② 朱有瓛：《中国近代学制史料》第 3 辑下册，华东师范大学出版社 1992 年版，第 64～66 页。

（评议会）成为校政的主体，校长只不过是代表教授的意志并依靠由教授组成的校政会议及各种委员会和职能机构行使全面负责之权力"。①

三、"教授治校"制度的推广与确立

蔡元培北大改革的首创精神，起了一种范式作用。在其影响下，其他大学也纷纷建立了评议会及教授会，实行教授治校的民主管理制度。

东南大学校长郭秉文认为："在此过渡时代，亦系一种办法，然欲从根本上举办教育，必须自下而上也。"② 在他的主持下，东南大学制定了《东南大学组织大纲》，建立了"责任制"与"合议制"相结合的体制，即设立评议会、教授会和行政委员会，分别负责议事、教学和行政事宜，各会均由校长兼任主席。

（1）评议会议决关于全校之重大事项："一、本校教育方针，二、用于经济之建设事项，三、重要之建筑之设备，四、系与科之增设废止或变更，五、关于校内其他重要事项。"评议会以校长、各科代表、各系代表、行政各部代表、附属中学代表和附属小学校代表组成。各科代表以各科主任充之。而各系代表名额则规定，"凡每系教授有 5 人或不及 5 人者，以主任充之；5 人以上不过 10 人者，于主任外，再由教授互选 1 人；10 人以上不过 15 人者，于主任外，再由教授互选 2 人，余类推"。

（2）东南大学建立两级教授会，即校级教授会和科（系）教授会。校级教授会的职权包括"建议系与科之增设或变更于评议会"、"赠与名誉学位之议决"、"规定学生成绩之标准"和"关于其他教务上公共事项"，其组成人员包括"校长暨各科及各系之主任及教授"。

---

① 周川等：《百年之功——中国近代大学校长的教育家精神》，福建教育出版社 1994 年版，第 91 页。

② 转引自冒荣：《至平至善鸿声东南——东南大学校长郭秉文》，山东教育出版社 2004 年版，第 186 页。

各科（系）设教授会的职权是：议决本科的教育方针、规定本科发展事业、向校长建议本科各系预算、向评议会建议本科各系的变更、编订本科课程及其他规程，审定本科学生毕业资格，决定给予免费名额、协助群育部处理训育事宜、向教授会建议赠与名誉学位等其他重要事宜。

（3）行政委员会是全校行政的中枢，协助校长执行校务。该委员会的职权是："规划全校公共行政事宜"；"督促审查行政各部事务"；"执行临时发生的各种行政事务"。

与教授会比较，评议会具有更大的权力，但人员构成要比教授会的复杂。不过，这两个组织毕竟能够为教授参与学校管理提供保障。① 1926 年 8 月 1 日东南大学公布《修正国立东南大学组织大纲》，重申了对校级教授会的规定。其职权包括：选举校长；议决评议会提议事项；议决教务上一切公共事项；议决其他重要事项。可见，教授会的职权范围大大扩大了，其权力在评议会之上。同时也设评议会，其职权与 1921 年的规定基本一致，但在人员构成上更注重教授在会议中所占的比例。此外，设立的行政会执行评议会及教授会之议决案。②

交通大学于 1921 年 2 月公布的《交通大学大纲》规定："大学设校长 1 人，由 2/3 以上出席董事之推举，经由交通部呈请大总统任命之。"设有评议会，以校长、学校主任、教务长、事务长及各科科长暨教授，互选之若干人为会员。各科设有教授会，由各科教授、助教、讲师组织之，规划本科教授上之事务。③

周鲠生在 1922 年起草的《湖南大学组织草案及说明书》对校董会、评议会、分科教员会以及校长、学长、主任教授等的任命进行了

---

① 参见《南大百年实录》编写组：《南大百年实录（上）》，南京大学出版社 2002 年版，第 127～133 页。

② 参见《南大百年实录》编写组：《南大百年实录（上）》，南京大学出版社 2002 年版，第 164～168 页。

③ 参见《交通大学校史》撰写组：《交通大学校史资料选编》第 1 卷，西安交通大学出版社 1986 年版，第 349～354 页。

详细的规定。周鲠生认为："大学虽为省立，但若其内部行政，受省政府之干涉，是不惟有伤最高学府之体制，抑且有害大学个性之自由发达。近世大学，无论其为国立的，地方立的，大都有脱离政府干涉，保持自治之趋势。即我国北京大学，纯属国立，然今日校内一切职权之行使，已完全不受教育部之支配。草案第3条定湖南大学为自治性质，即本斯旨。"并认为："大学为讲学团体，此团体之命运，即当操于讲学者自身之手。循此原则，以定大学机关之组织及职权，草案主旨之所在也。"① 周鲠生要求教授治校的主张已跃然纸上。从其所拟的《草案》中可知，校长的任命权虽然在校董会，但提出之权却是在评议会。学长、主任教授、教授、讲师和助教的任命权都是在评议会，而评议会以教授代表为主体。因此，可以说，当时湖南大学的决策权完全掌握在教授手里。②

蔡元培在北大实行的教授治校改革，不仅得到了其他的高校的积极呼应，而且推动了政府教育政策的改变。陶英惠说："蔡元培在北大所实行的种种改革……起初虽仅限于北大，但多为教育部采行作为改革高等教育的依据。"③ 1917年9月公布的《修正大学令》，本来废止了《大学令》中规定的"各科教授会"，保留评议会，但是，《修正大学令》自公布实行，原《大学令》并没废止，新旧两令同时并行。在以北京大学为中心的教授治校实践的推动下，1924年，北京政府颁布《国立大学校条例》，恢复了系科教授会，赋予了教授参与学校管理决策的权力。依此条例，国立大学得设"评议会"，由校长、正教授互选之代表组成，审议各项章程及其他重要事项。同时，各系及大学院得设"教授会"，由本科系及大学院之正教授、教授组

----

① 《教育杂志·第十四卷号外》，转引自张正锋：《权力的表达：中国近代大学教授权力制度研究》，南京师范大学出版社2006年版，第25页。

② 参见张正锋：《权力的表达：中国近代大学教授权力制度研究》，南京师范大学出版社2006年版，第34页。

③ 转引自张正锋：《权力的表达：中国近代大学教授权力制度研究》，南京师范大学出版社2006年版，第23页。

织之，负责规划课程及其应行事宜。当规划课程时，讲师也得列席。①

教授治校实施得最有成效的当推清华大学。1926年曹云祥校长组织成立了"清华学校改组委员会"，诸位委员虽认识到"教授治校理想甚高，实现匪易"，但为"适应民治教育之潮流"，兼顾本校特殊情况，于1926年3月1日至8日共开七次会议，制订了"清华大学组织大纲"草案，修订后，于4月15日经清华教职员会议三读通过，"交由校长执行"。②

《清华学校组织大纲》规定设"评议会"和"教授会"。评议会由校长、教务长及教授会互选之评议员7人组成，校长为当然主席。其职权包括："一、规定全校教育方针。二、议决各学系之设立、废止及变更。三、议决校内各机关之设立。四、制定校内各种规则。五、委任下列财务、训育、出版、建筑四种常设委员会委员。六、审定预算决算。七、授予学位。八、议决教授、讲师与行政部各主任之任免。九、议决其他重要事件。"

可见，评议会掌握了大部分校政，包括教育方针、学制、规章、财政、人事与学位之授予。但上述职权，除该组织大纲规定之行政部门人事权外，第一、第二、第三、第六各项，评议会在做出议决之前，"应先征求教授会意见"，其决议如"经教授会2/3之否认时，应交评议会复议"，以资制衡而免于评议会之专断。教授会以全体教授及行政部各主任组织之，由校长为主席，教务长为副主席，其职权包括："一、选举评议会及教授及教务长。二、审定全校课程。三、议决向评议会建议事件。四、议决其他教务上公共事项。五、讨论决定由评议会以2/3通过提出对本组织大纲之修正案。"此外，各学系

---

① 参见《国立大学校条例》，见《中华民国史档案资料汇编》第3辑，江苏古籍出版社1994年版，第173页。

② 参见苏云峰：《从清华学堂到清华大学（1911—1929）》，三联书店2001年版，第42页。

之主任为名誉职，由各该系教授、教员于教授中推举之。①

　　根据《大纲》可以看出，清华的事务决策权完全掌握在教授手里。清华第一次教授会议如期在 1926 年 4 月 19 日晚上举行，全体会员 60 人，到会者 47 人，出席率 78%，曹云祥为主席。从这次会议记录中，可以看到他们发言热烈，所有提议、附议、讨论、表达、通过或否决，均依循民主程序。这次会议选举出梅贻琦为教务长，陈达、孟宪承、戴志骞、杨光弼、吴宓、赵元任、陈福田 7 人为评议员。接着于 4 月 25 日下午举行第二次教授会议，到会者 44 人。26日及 28 日，评议会召开第一次及第二次会议，通过议事细则，选举吴宓为评议会书记，委任本会四种常任委员会，并讨论设立学系之标准，议决设立国文、西洋文学等 17 个学系和可以先行设立专修课程之学系。29 日，教授会举行第三次会议，依评议会通过之 17 个学系，选出吴宓等 15 人为各系主任（有两个系暂缺）。5 月 11 日，召开第四次教授会，40 人出席，决议大学部课程大纲，对已成立之 11个学系，准其先行设立专修课程。决定采学分制和必修选修等规定。由上可见，二会成立以后，教授们是何等的热心和积极参与校务，且未曾间断。②

　　教授会和评议会的切实实施，使清华大学建立了教授当家做主的良性运行机制。在二三十年代之交的"校长风潮"中，教授会带领全校师生与反动集团展开斗争，在保护师生的权益和学校的前途方面，发挥了关键性作用。以著名的"驱吴运动"③ 为例。

　　1931 年 3 月，亲自兼任教育部长的蒋介石，选派吴南轩任清华校长。吴南轩 4 月 20 日到校后，公开宣布他的使命是"为党国培养人才"，实行专断独行的治校方针，任用私人，将各科主任全部撤

---

　　①　参见清华大学校史研究室：《清华大学史料选编》第 1 卷，清华大学出版社 1991 年版，第 297～300 页。

　　②　参见苏云峰：《从清华学堂到清华大学（1911—1929）》，三联书店 2001年版，第 44～46 页。

　　③　黄延复：《梅贻琦与清华大学》，山西教育出版社 1995 年版，第 21 页。

换，特别是极力反对教授治校制度，拒不承认院长由教授会选举的惯例，从而与教授会发生尖锐冲突。据冯友兰回忆："大概吴南轩也听说清华教授会在学校中有很大的权力，在学生中有很高的威望，所以要借这个院长聘任的问题，和教授会较量一下，给教授会一个下马威。"①

面对吴南轩的专断独行，5 月 28 日教授会通过决议，谴责吴南轩"唯务大权独揽，不图发展学术，加以蔑视教授人格，视教授为雇员"，并致电蒋介石，要求"另简贤能"，并发表声明，表示"倘此问题不能圆满解决，全体教授定于下学年与清华脱离关系"。第二天，学生会也召开全体学生大学，表示坚决支持教授会决议，要求撤换吴南轩，随即由出席学生三百余人整队执行议案，赴校长住宅，请其即时离校。在全校上下一片反对声中，吴南轩挟持了清华的校印逃往东交民巷利通饭店，在报纸上刊启事，反诬教授会"唆使学生，胁迫校长"，向教育部呈文，为自己辩解，并要求辞职。面对吴的倒行逆施，教授会立即成立校务维持会，并选派代表去南京教育部请愿和解释。最后，吴南轩终于被迫于 6 月 25 日离平南下。吴走后，南京教育部再也不敢随便派人来任清华校长，"驱吴运动"取得成功。在这个过程中固然学生们的支持起了重要作用，但起关键作用的还是教授会的领导。

清华校长事件在近代大学史上不是一个孤立的事件，它深刻地反映了教授治校制度是当时反抗专制政府插手干扰大学事务，保护学者学术信念及学术活动的迫切的现实需要。蔡元培在《不肯再任北大校长的宣言》中说："什么大学文、理科叫做本科的问题，文、理合办的问题，选科制的问题，甚至小到法科暂省学长的问题，附设中学的问题，都要经那拘文牵义的部员来斟酌。"学校内部纯粹的教学事务都要遭到北洋政府的重重干预，更别说一些新的思想的产生了，那是必然会被视为"洪水猛兽"的，于是"教育部来了，国务院来了，甚而什么参议院也来干涉了"，"世界有这

---

① 冯友兰：《三松堂自序》，三联书店 1984 年版，第 79 页。

种不自由的大学么"?①

因此，实行教授治校制度是为了依靠集体的力量，反抗政府的非正当干预。对此，蔡元培曾有过多次明确的表述。1920年北大开学时，他说："我希望本校以诸教授为各种办事机关的中心点，不要因校长1人的去留使学校大受影响。"②1922年12月，他在《北大成立25周年纪念会开会词》中说："设各系教授会，主持各系的事务。最近又由各系主任组织分组会议，凡此种种设施，都是谋以专门学者为本校主体，使不致因校长一人之更迭而摇动全校。"③翌年，他说："五四风潮以后，我鉴于为一个校长去留的问题，生了许多校节，我虽然抱了必退的决心，终不愿一人的缘故，牵动全校，所以近几年来，在校中设立各种机关，完全倚几位教授为中坚，决不至因校长问题发生什么危险了。"④

陈岱孙在回忆清华大学二三十年代教授治校的情况时说："在30年代中期，就有人称清华的这个体制为'教授治校'的典型。但是在清华大学内部，没有明确地提出这个口号。这个体制与其说是在一个明确的口号下有意识地进行改革的产物，不如说是在20年代末的历史条件下，为了应付环境而逐渐演化形成的产物。""30年代中期，蒋梦麟从教育部长下台来北京大学任校长时，就曾针对当时正在清华大学形成的体制宣称他主张'校长治校，教授治学'。他这个主张其实也无可厚非。如果校长能真正地把校治起来，广大的教师是不愿多

---

① 蔡元培：《不肯再任北大校长的宣言》，见杨东平：《大学精神》，辽海出版社2000年版，第328页。

② 《北京大学第二十三年开学日演说词》，见中国蔡元培研究会编：《蔡元培全集》第4卷，浙江教育出版社1997年版，第188页。

③ 《北大成立25周年纪念会开会词》，见中国蔡元培研究会编：《蔡元培全集》第4卷，浙江教育出版社1997年版，第834页。

④ 蔡元培：《关于不合作的宣言》，见杨东平：《大学精神》，辽海出版社2000年版，第332页。

管闲事的。但是在动荡的 30 年代，至少在清华，是不具备这条件的。"①

从实践效果来看，教授治校制度极大地调动了教授参与学术管理的热情，团结了广大民众的力量，创造了相对宽松独立的学术环境，对处于风雨飘摇时代的大学的稳定和发展起了巨大的作用。正如顾孟余在《忆蔡孑民先生》一文中所评论的："先生长校数年，以政治环境关系，在校之时少而离校之时多。离校之时，校务不但不停顿，且能依照计划以进行者，则以先生已树立评议会及各种委员会等之制度。此制度之精神，在以教授治理校务，用民治制度，决定政策，以分工方法，处理各种兴革事宜。然而非校长之清公雅量，则此制度不克成立，非师生绝对依赖校长，此制度不易推行也。"②

① 陈岱孙：《三四十年代清华大学校务领导体制和前校长梅贻琦》，见杨东平：《大学精神》，辽海出版社 2000 年版，第 395～396 页。

② 顾孟余：《忆蔡孑民先生》，见中国蔡元培研究会编：《蔡元培纪念集》，浙江教育出版社 1998 年版，第 158 页。

第三章 民国时期教学自由权的权利向度

第一节 教师聘任自由权

一、民国前期大学教师招聘自由权及其法律规定

民国成立之后，教育部颁布的教育法规对大学教师招聘权进行了规定。如 1912 年 10 月 24 日，教育部公布了《大学令》，其中两条提到了大学教员聘任。其第 13、14 条分别规定："大学设教授、助教授。""大学遇必要时，得延聘讲师。"① 1917 年 5 月，教育部《国立大学职员任用及薪俸规程》规定："正教授、教授讲师、外国教员、图书馆主任、庶务主任、校医，均由校长聘任之，并呈报教育总长。"② 1917 年 9 月 27 日，教育部颁布的《修正大学令》，将第 12 条修定为，"大学设正教授、教授、助教授"，③ 只是增加了大学教员的种类。1924 年 2 月 23 日，教育部颁布的《国立大学校条例令》，第 12 条规定了"国立大学设立正教授、教授由校长延聘之。国立大学得延聘讲师"。④

从当时颁布的法律、法规来看，当时教员招聘权的主体是大学校

---

① 中国第二历史档案馆：《中华民国史档案资料汇编》第 3 辑，江苏古籍出版社 1991 年版，第 109 页。

② 中国第二历史档案馆：《中华民国史档案资料汇编》第 3 辑，江苏古籍出版社 1991 年版，第 165~167 页。

③ 中国第二历史档案馆：《中华民国史档案资料汇编》第 3 辑，江苏古籍出版社 1991 年版，第 167~168 页。

④ 中国第二历史档案馆：《中华民国史档案资料汇编》第 3 辑，江苏古籍出版社 1991 年版，第 173~175 页。

长，在多数时期，特定教员如正教授、外国教员等的聘任还必须呈报教育总长。从法律规范来看，大学的教员聘任权很大程度上掌握在国家手中。但是，由于政府对大学教员的聘任制度的规定比较笼统，且当时大学校长多与政府处于对立的地位，实际上大学具有很大程度上的教员聘任自由权。

这一点，我们可以从当时国内主要大学的教员招聘状况得出。以北京大学为例，蔡元培聘请教员以利于学术研究、教学为最高宗旨，而不会考虑其社会地位、身份国籍等因素，更不会受政府、社会团体等的干涉。如其在招聘梁漱溟时，"其中虽有时任教育总长的范源廉之推荐，但是在梁与蔡见面之前，蔡已经读过梁所写的《究元决疑论》一文并很欣赏之，故才有后来蔡聘请梁入北大任教"。① 1920年，他顶着很大的阻力，辞掉了一批外国教员。"如有一法国教员扬言要控告他，有一英国教员甚至运动英国驻华公使要求与他谈判，进而进行恐吓，但蔡元培坚持原则，坚决辞退，从而保证了教师队伍的学术素质。"②

从上面可以看出，作为教员招聘自由权的权利主体的大学校长，实际上是大学教师们利益的代表者，反对政府、外国势力等外来势力的干涉，以利于大学的教学为最高利益归属，从而坚决捍卫教学自由的实现。为了使招聘工作更加制度化，更好地维护教师们的权益。蔡元培在改革北大的过程中成立了聘任教师的专业组织——聘任委员会。蔡元培于1917年设立了评议会，作为全校的最高立法机关和权力机构。1919年12月，经评议会讨论通过了内部组织试行章程，设立了多个机构。行政委员会作为全校最高行政机构和执行机关，下设12个常设委员会，其中聘任委员会的职能是协助校长聘任教职员，会员以教授为限，并规定委员会非校长或其代表人列席不得开会。凡新聘或延聘教授都要经过委员会的审查与投票决定，审查程序非常严

① 王宗昱：《梁漱溟》，东大图书公司1992年版，第13页。
② 金祥林：《蔡元培教育思想研究》，辽宁教育出版社1994年版，第120页。

格。大学聘任委员会的设立，表明大学对教师任职及聘任有逐步朝专业化、规范化方向发展。招聘委员会主要由大学教授组成，这样就将教员招聘权掌握在大学教授们手中。

民国时期，大学在招聘教师之后，也对教师的权利进行切实的保障，以利于其全心投入到教学工作中去。教育部颁布了包括1918年的《国立北京大学规程》、《教员延聘施行细则》以及1922年的《教员保障案》等多部保障教员利益的法规。在具体实践中，蔡元培等也曾试图在中国实行终身教职制度，以保障大学教员更好地实现教学自由权。我们可以在蔡元培、蒋梦麟等人在1923年参与筹办杭州大学的过程中，发现蔡元培等人的这一设想。在《杭州大学意旨书》中对于教职员的任期规定是：正教授任期无限，教授初任3年，续任无限期，辅教授初任1年，续任3年，再续无限期；讲师和助教初任1年，续任1至3年，续聘得续任，特别讲师以所授课目的时间长短为标准。① 北大当时所聘任的教授一般在第二年获得续聘后即无任期限制。当代学者应星认为蔡元培通过实际上的终身教职来使教师能够安心从教和研究。②

在北大任校长期间，蔡元培根据教授聘任工作中所存在的问题，特地提出《教员保障案》，此提案经校评议会第五次会议通过并付诸实行。该提案对于北大以后的教授聘任有重要的规范作用："查本校聘设教授之意，要不外欲受聘者专心致意于功课之讲授，及学术之研究，此意至善，亦即任教授者之所乐于从事者也。然事每与愿违，盖因尚有使教授不能专心致意者在耳。举其要者，如所任功课之常有变更，及地位之时有摇动，均足减少教授浓厚之兴味，发生不良之影响。如下列意见三条能见诸实行，则本校聘设教授之原意，及教授专心功课与学术之志愿，均可完成矣。（一）凡已得续聘书之各系教授

---

① 曲士培主编：《蒋梦麟教育论著选》，人民教育出版社1995年版，第230～245页。

② 应星：《塑造中国大学精神的现代实践》，见甘阳、李猛编：《中国大学改革之道分》，上海人民出版社2004年版，第178页。

之辞退，应由该系教授会开会讨论，经该系教授会 4/5 之可决，并得校长之认可，方能办理。如该系教授不及 5 人，应经全体教授可决。但开会时，本人不得列席。理由：聘请教授时，既须经聘任委员会之通过，主任之赞成，校长之函聘，复有试教一年之规定手续，可谓郑重矣。试教期满，复经续聘，是校中认其能胜任矣。故辞退，特亦应经郑重之手续，不应凭学生之意见，或主任、或教务长一人之意见，将其贸然辞退。（二）各教授应担任何项功课，应由该系教授会开会，共同商定。一经商定后，应始终令其担任。即欲变更，亦须再行开会议决。理由：查现行办法，各教授担任何项功课，多由主任一人决定，并不先征本人同意。至近上课时，方由注册部通知，又本年所任功课，虽各方面并无不满意之表示，而至下年时，仍可由主任决定，另换他人担任。此法流弊甚多……（三）各系教授会，应每月至少开会一次。凡本系科目之增减，应开教授会议议决，不能由主任或教务长一人决定。理由：查教授会组织法中，原有‘教授会每月开会一次，商议本部应办事宜’，及‘凡关于下列诸事（其一即本部学科之增设及废止）本部教授皆有参与讨论之责’。自应切实施行，以收集思广益之效，而免垄断专制之弊。"①

高校教师聘任和薪酬与听课生数量相关程度甚低。蔡元培任北大校长时，不以学生听课人数的多少来为教师的价值定位。蔡元培认为："一种讲义，听者或数百人以至千余人；而别有一种讲义，听者或仅数人；在学术上之价值，初不以是为轩轾也。"如讲座及研究所之设备，既已成立，则虽无学生，而教员自行研究，以其所得，贡献于世界，不必以学生之有无为作辍也。② 北大用最重的待遇礼聘某些身怀绝学的学者，一年只开一门课，每星期讲一两点钟，只有一个学生来听，但北大仍处之泰然。由此可知，当时大学教师的教学环境是

---

① 中国蔡元培研究会编：《蔡元培全集》第 4 卷，浙江教育出版社 1997 年版，第 535～536 页。

② 蔡元培：《大学教育》，见《教育大辞书》（上册），商务印书馆 1930 年版，转引自杨东平主编：《大学精神》，文汇出版社 2003 年版，第 72-75 页。

相对宽松的，这有利于他们发挥自己的创造性，实行教学活动的创新。

二、南京国民政府时期大学教师招聘自由权及其实施状况

南京国民政府成立之后，也颁布了一系列大学教员聘任方面的法律、法规。从法律、法规来看，国家加强了对大学教员聘任的控制。1927 年 6 月 15 日，南京国民政府教育行政委员会公布了《大学教员资格条例》，其内容共 20 条，分"名称"、"资格"、"审查"、"附则"四个部分。该条例将大学教师分为四等，并对四种教师的资格分别作了详细的规定。《条例》还明确规定了大学评议会为审查教员资格的机关。① 大学教员资格审查制度的建立，就是对大学教员聘任自由权的一定限制。

总体上说，这一时期南京国民政府仍然肯定了大学校长具有大学教员招聘的决定权。如 1929 年 7 月 26 日，国民政府颁布了《大学组织法》，其 13 条规定："大学各学院教员分教授、副教授、讲师、助教四种，由院长商请校长聘任之。"这一时期，为了保障大学教授教学质量，政府对大学招聘兼职教师进行了一定的限制。教育部 1929 年颁布的《大学组织法》的第 14 条规定："大学得聘兼任教员，但其总数不得超过全体教员 1/3。"②

抗战爆发之后，南京国民政府对大学的控制进一步加强，在大学教员招聘方面也设置了诸多限制。如 1940 年 8 月，教育部颁布的《大学及独立学院教员资格审查暂行规程》，对大学教员聘任制度作了一定的变更。③ 该规定不仅将适用范围扩大到了独立学院，而且对教员资格进行了更为严格的要求。《暂行规程》的一个根本性改变是

---

① 中国第二历史档案馆：《中华民国史档案资料汇编》第 5 辑第 1 编，江苏古籍出版社 1994 年版，第 168～169 页。

② 中国第二历史档案馆：《中华民国史档案资料汇编》第 5 辑第 1 编，江苏古籍出版社 1994 年版，第 171～172 页。

③ 中国第二历史档案馆：《中华民国史档案资料汇编》，第 5 辑第 1 编，江苏古籍出版社 1994 年版，第 716～718 页。

规定:"大学及独立学院教员资格之审查,由各校院呈送教育部提交学术审议委员会审查之。合于大学及独立学院教员资格而不在职者,得自行呈请教育部审查之。"教育部拥有教员资格审查权,表明了国民政府加强了对教师聘任的控制。但是,该《规程》颁布之后,就受到了各大学的激烈反对,再加上此时正处于抗战时期,各大学仍然按照旧有的方式进行教员资格审查和教师聘任。或有鉴于此,抗战胜利后,1948年1月12日,国民政府颁布的《大学法》,又重申了大学的聘任自由,其12条规定:"大学教员分教授、副教授、讲师、助教四种,由院长系主任商请校长聘任之。"①

这一时期,在具体实践中,各大学仍然具有充分的聘任自由,且对聘任权进行了进一步的细化。以清华大学为例,1928年9月,清华大学颁布的《国立清华大学条例》规定:"各学系置正教授、教授、讲师若干人,由校长得聘任委员会之同意后聘任之。置助教若干人,由各学系主任商承校长、教务长同意后聘任之(但在聘任委员会未成立之前,径由校长聘任之)。"②

民国时期的法律大多肯定了大学的教员聘任自由权,虽然在民国后期,国民政府也试图加强对教育的控制,但是由于各大学的反对而无法推行下去。这也反衬出了当时的教员聘任自由的观念已经深入了各大学、教员们的心中。在实践中,各国立大学也多按照"学术"自身的规律来聘请教员,把选择"谁来教"的权力牢牢掌握在了手中,为实现教学自由提供了制度基础。

第二节 招生自由权

根据政府对国立大学招生权控制程度的不同,民国时期的大学招

① 宋恩荣、章咸主编:《中华民国教育法规选编》,江苏教育出版社1990年版,第430页。
② 清华大学校史研究室:《清华大学史料选编》,第2卷(上),清华大学出版社1991年版,第140页。

生可分为自主招生（1912—1932 年）、计划、统一招生（1933—1940年）以及多元招生（1941—1948 年）三个阶段。

一、自主招生阶段的教学自由权及其实施状况

在第一个阶段，国民政府颁布了一系列法律、法规，对大学招生进行宏观指导。1912 年 10 月 24 日教育部颁布的《大学令》规定："大学设预科，其学生入学资格须在中学校毕业，或经试验有同等学力者。大学各科学生入学资格，须在预科毕业或经试验有同等学力者。"① 1912 年 11 月，教育部颁布了《公立私立专门学校规程》。其第 11 条规定，"公立私立专门学校每学年开始之前，招收本科生一次"。第 14 条规定，"公立私立专门学校之学则，应规定入学资格、修业年限、学科、学科目、学科程度等"。②

1913 年 1 月 12 日颁布的《大学规程》规定："大学学生入学之资格，须在预科毕业或经试验有同等学力者。前项预科，或与预科相当之学校，非遵照本规程办理者，其毕业生应行入学试验。预科学生入学之资格，须在中学校毕业，及经试验有同等学力者。中学校毕业生如超过定额时，应行竞争试验。"③

由此可见，教育部对大学入学资格的规定比较宽泛，各大学可以在此基础上自行制定标准。此外，民国政府对如何组织考试以及考试时间只是进行了宽泛的规定。1929 年《大学规程》和1931 年《修正专科学校规程》都仅仅规定"入学试验由校务会议组织招生委员会，于每学年开始以前举行之"。④

---

① 宋恩荣、章咸主编：《中华民国教育法规选编》，江苏教育出版社 1990年版，第 402 页。
② 杨学为、朱仇美主编：《中国考试制度史资料选编》，黄山书社 1992 年版，第 589 页。
③ 杨学为、朱仇美主编：《中国考试制度史资料选编》，黄山书社 1992 年版，第 572 页。
④ 杨学为、朱仇美主编：《中国考试制度史资料选编》，黄山书社 1992 年版，第 656、670 页。

　　大学在招生方面享有广泛的自主权。每次公开招考前，各高校都要在报纸上公开招生简章。招生简章分为四个部分，多由大学自行确定。例如招生人数可以由学校自己决定，投考资格除了教育部规定的学历要求外，各大学还可以根据具体需求，增加标准。考试地点和考试时间也可由各大学自行制定。大学的招生自主权还体现在，他们可以主办多次和多层次的入学招生考试。如果第一次招生未满额时，高校可进行第二次入学招生考试。如：1923 年北京国立五校中就有法政学校、工业大学和女子高等师范学校三校举行了两次入学考试，其中工业大学是在上海举行了两次入学考试。①

　　各高校还可以根据本校的专业要求、学校特点等，设置相关考试科目，各科目测试的难易程度和侧重点都可以自行决定。这导致同一大学在不同年代的考试科目也有所不同。从 1929—1930 年间国立各主要大学本科入学考试科目，我们可以看出这一点（见表1）。

表1　　　1929—1930 年国立各主要大学本科入学考试科目②

年份	学校	考 试 科 目
1929 年	北京大学	国文、英文或德文或法文、中国历史、外国历史、化学共五科
	武汉大学	国文、党义、英文、数学、历史、地理、化学、物理共八科
	中山大学	国文（分文理两部）、总理遗教、动物学、植物学、历史地理（复试时用）、算学（分文理两部）、物理、化学、伦理学、英文共十科。

---

　　① 参见高等教育访问社编：《北京各大学入学调查录·十二年度（1923年）》，高等教育访问社 1924 年版，第 6 页。

　　② 谢青等主编：《中国考试制度史》，黄山书社 1995 年版，第 561 页。

续表

年份	学校	考 试 科 目
1930年	武汉大学	国文、党义、英文、数学（分文理两部）、物理、化学、中外历史、地理博物学、伦理学共十科
	中山大学	国文（分文理两部）、孙中山先生遗教、英文、德文、数学（分文理两部）、物理、化学、逻辑、生物、本国历史、外国史、地理共十二科

这时期，各大学还可以自行组织阅卷，自行录取新生。录取标准各大学可以根据本校招生需求，自行决定。大学招生主要看考生的考试综合成绩，但是会考虑考生的单科成绩、专长、学术背景等。如季羡林先生当年参加大学入学考试时，"数学只考了4分，但他却被北京大学和清华大学同时录取了"。① 他们看重的是他的国文和外语天赋，季羡林先生果然不负众望，成为一代国学大师。

二、计划和多元招生阶段的招生自由权及其实施状况

1933年《二十二年度各大学及独立学院招生办法》的颁布，标志着民国政府开始实行计划招生，采用"比例招生法"，即要求设有文、实两类院系的大学或学院，文科类院系招收新生之数量，连同转学生在内，不得超过实科类院系新生数。1935年教育部规定了各类高校的实际招生名额，加强了对高校招生的控制。1937年，教育部在中央大学、浙江大学和武汉大学三校试行"联合招生"。1938年制定《国立各院校统一招考办法大纲》规定各大学及独立学院一年级新生，除上海国立院校仍自主招考外，均统一招考。此后，该政策又逐渐推广到各公立大学。至1940年省立大学和省立独立学院一并纳入统一招生，至此公立各院校由自主招生完

---

① 钱文忠：《我的老师季羡林之学生时代》，中国民主法制出版社2009年版，第81页。

全过渡到统一招生。

1938 年的全国统一招考政策的施行，引起了许多大学的不满，认为这样就会降低入学学生的质量。为了抵制统考制，一些大学还想出了一些对策：新生入校后先进行一次甄别试验，若其学科基础太差，则需补读一年至二年。1939 年，中央大学统一分配的 600 名新生中，留级和退学的占 1/3，全部课程及格能升级的仅有 170 人。①当时，武汉大学对教育部分配来的学生，"一律实行甄别考试，主要科目太差者，必须补习一二年，再经过考试，方能进入本科学习"。②

1941 年因战事严峻，高校统一招考被迫中止，各高校恢复了自主招生，但教育部对各校自主招生办法作了详细规定，颁布了《三十年度公立各大学及独立学院自行招生办法》。教育部在保留招生名额控制权、对大学考试科目、命题标准作必要限制的前提下，允许各高校斟酌采用单独招考、联合招考、委托招生、成绩审查及保送免试等方式进行招生，大学的招生自主权得到了部分的恢复。

第三节 课程设置自由权

一、民国前期的课程设置自由权状况

民国前期（1912—1927 年），大学在课程设置方面具有很大的自由。这一时期，教育部也以立法的形式授予了大学课程设置的权力。1912 年 10 月颁布的《大学令》规定："大学各科各设教授会，以教授为会员，学长可随时召集教授会自为议长。""教授会商议下列诸事项：一、学科课程……"③ 1913 年 1 月的《大学规章》进一步规

---

① 曲士培：《中国大学教育发展史》，山西教育出版社 1997 年版，第 544 页。

② 武汉大学校史编辑研究室：《武汉大学校史简编（1913—1949）》，1983 年印行，第 97 页。

③《教育杂志》第四卷第十号，1913 年 1 月，见舒新城编：《中国近代教育史资料》中册，人民教育出版社 1961 年版，第 641 页。

定："大学各科目授业时间，及学生应选修之科目，由校长订定呈报教育总长。"①

1917 年 9 月颁布的《教育部修正大学令》规定："评议会审议下列诸事项：（一）各学科之设立废止，（二）学科课程……前列事项如仅涉及一科或数科者，得由各该科评议员自行议决。"② 1924 年 2 月，教育部重新制订并颁布了《国立大学条例》，规定："国立大学各科、各系及大学院各设教授会，以本科本系、大学院正教授、教授组成，规划本单位课程及教学。"③

作为我国最早的国立大学，北京大学在这方面的表现尤为突出。它鼓励、允许大学教员将自己新近研究成果，向学生讲授，并因此而开设了很多新课程。例如 1920 年鲁迅接受北大聘请，在中国首次开设"中国小说史"这一门课程，这也促进了鲁迅对中国小说史的研究，学术研究与教学相得益彰。作为传播马克思主义的先驱，"李大钊就是利用北大的课题、报告会和学术讨论会作为讲坛，先后教授过'马克思的经济学说'、'唯物史观'、'马克思的历史哲学'、'工人的国际运动'、'社会主义的将来'、'社会主义下的经济组织'以及'社会主义与社会运动'等，系统地宣传了马克思主义的基本原理"。④

北京大学在教科书的选用了也有很大的自由。1914 年 6 月，时任北大校长胡仁源制定了整顿计划书，其中一条措施即是"成立教科书编委会，分为六组：修身（即伦理学）、国文由沈尹默主编；物理由何育杰主编；化学由俞同李主编；数学由胡浚济主编；英语由严

---

①　《教育杂志》第五卷第一号，1913 年 4 月，见舒新城编：《中国近代教育史资料》中册，人民教育出版社 1961 年版，第 644～657 页。

②　《教育杂志》第九卷第十二号，1917 年 12 月，见舒新城编：《中国近代教育史资料》中册，人民教育出版社 1961 年版，第 664 页。

③　王学珍、张万仓编：《北京高等教育文献资料选编（1861—1948）》，首都师范大学出版社 2004 年版，第 523 页。

④　萧超然等编著：《北京大学校史（1898—1949）》（增订本），北京大学出版社 1988 年版，第 214 页。

思稳主编；图画由王季绪主编"。① 这个时期，重要的学术著作和上课讲义也多被用作教材。如周树人（鲁迅）和周作人兄弟的《中国小说史略》和《欧洲文学史》作为各自领域的开山之作，被用作教材。吴梅的代表作《顾曲麈谈》、《中国戏剧概论》为"戏剧"课程教材的奠基之作。当时的理科教材，多采用世界科学的最新成果。如物理系三、四年级的《近代物理》课，讲授内容多选用居里夫人在巴黎大学讲课所用的教材。

这一时期，大学拥有课程设置自由的另一个重要表现是学分制和选科制的实行。蔡元培出任北大校长之后，第一次在国内推行了选科制。原来的年级制，各系课程都是必修课。实行选科制之后，规定"本科学生学满八十个单位（每周一学时，学完全年为一单位）即可毕业。在八十个单位中又规定一半为必修课，一半为选修课。在选修课中不仅可选修本系课程，也可选修外系课程"。② 此后被东南大学等高校效仿而流传开来。选科制和学分制实行之后，毕业以习满规定的学分为标准，优秀的学生可以提前毕业。选科制下，给了教师们更多的自由，激励他们做好本专业的研究，丰富讲课的内容，以吸引更多学生来听讲。

二、南京国民政府时期课程设置自由权状况

南京国民政府成立之后，为了加强对大学的控制，在1928年5月的第一次全国教育会议上，就提出了设立大学课程标准的议案。1929年的《大学规程》规定："大学各学院及独立学院各科，除党义，国文，体育，军事训练，第一、第二外国语为共同必修课目外，须为未分系之一年级设基本课目。""大学各学院及独立学院各科课

---

① 萧超然等编著：《北京大学校史（1898—1949）》（增订本），北京大学出版社1988年版，第35页。
② 萧超然等编著：《北京大学校史（1898—1949）》（增订本），北京大学出版社1988年版，第62页。

程，得采学分制。但学生每年所修学分须有限制，不得提前毕业。"①
对于聪明、勤奋的优秀学生，可允许他们在完成应得学分的情况下，
在最后一学年学习特种课目以资深造。

1932 年公布了学分制划一办法，规定从当年开始，各学校一律
采用学年兼学分制，大学学生除医学院外 4 年须修满 132 学分始准毕
业。其学分计算办法，需课外自修的课目以每周上课 1 小时满 1 学期
者为 1 学分，无须课外自修的课目以 2 小时为 1 学分。为了制定统一
的大学课程，1930 年国民政府还成立了大学课程及设备标准起草委
员会。但是由于大学课程的繁复，除了 1935 年颁布了《医学院暂行
科目表》外，并没有其他的收获。由此可见，直到抗战前，教育部
只是规定了党义、国文、体育等共同必修课目，其他的科目的设置权
力还都掌握在各大学的手中。

从 1938 年开始，国民政府加大了对大学课程的控制。1938 年 9
月 9 日，教育部召开了第一次大学课程会议，对《文、理、法三学
院各系课程整理办法草案》进行了讨论。草案分"整理原则"及
"整理要项"两部分。整理原则主要有三个，主要内容为：（1）规定
统一标准。先从规定必修课目着手，为给各学校留有变通余地，暂不
规定选修课目。统一标准，既是为了提高一般大学的水准，也是为了
与国家的文化及建设的需要相吻合。（2）注重基本训练。先注意广
博的学术基础的培养，将文、理、法科的基本学科定为共同必修课。
在修完共同必修课的基础上，再使学生专精一科，以避免过分专业化
所带来的偏枯之弊。（3）注重精要课目。一般大学课目的设置应力
求统整与集中，使学生对于一学科的精要课目能充分修习、融会贯
通，其他琐碎课目应予删除。

整理要则有九点，主要有：（1）全国大学各院系的必修与选修
课程一律从教育部规定范围内，参照各自的实际需要进行损益。（2）
大学各学院第一学年注重基本课目，不分学系；第二学年起分系，第

---

① 宋恩荣、章咸主编：《中华民国教育法规选编》，江苏教育出版社 1990
年版，第 407 页。

三、四学年视各院系性质酌设实用课目，以为学生出校就业做准备。（3）国文及外国语为基本工具学科，第一学年终了时应举行严格考试，不达标者需要继续修习，合格后始能毕业。（4）各大学仍采用学分制，各学科学习分量以学分计算。（5）各科教学除教师上课讲习外，对于自习讨论与习作或实验应同时并重，考试范围包括上述全部内容。（6）各课目应由教师详细规定自习书目与其他参考资料，督令学生按时阅读并作杂记。文学院学生应研究古今名著一种或数种，培养学生独立研究精神。（7）各课目须确实规定学生习作或实习次数，其习作及实习报告应由教师按期批阅。（8）各学系应在高年级课程中规定重要课目数种，指导学生作学科论文，其题目应由教师指定或核定。（9）学生毕业考试应包括各院系学年中重要课目，课目种类可由各校自由规定，但不得少于五种。①

从上面的规定，我们可以看到教育部开始加大对大学课程设置的控制，但还是为大学教师的课程选择自由保留了一定的空间，例如，虽规定了学生毕业考试的考核课目限度，但是又赋予了教师的具体课目的选择权。

1938年9月，教育部召开了第一次课程会议，参加会议的有关专家对于上述原则和要则基本表示赞同，但也提出了一些重要意见：课程应有伸缩的余地，教育部只定最低标准，各校可根据自己的具体情况增加课程内容；各科学分数不宜规定太严；一年级可不分系，但应增加一些初步学程。会议还对共同必修课的名称、学分、数目、修习年限等进行了详细的讨论。会后，教育部根据该讨论正式公布了《文、理、法三学院共同科目表》。同年10月，又公布了农、工、商各学院的共同必修课目表。除了课表之外，三民主义、体育和军训为当然必修课目，虽不计学分，但不合格者不能毕业。1941年，教育部正式将三民主义列为各类学校的共同必修课，共计4个学分，分别在第一学年的两学期开设。由此可见，国民党对学校的思想控制逐步

---

① 参见教育部教育年鉴编纂委员会编：《第二次中国教育年鉴》，商务印书馆1948年版，第495~496页。

增强，这干扰了教学自由的实现。

1944 年教育部又召开第二次大学课程会议，对文、理、法、师范四学院共同必修科目表进行了修订。这次修改的最主要内容是将"三民主义"和"伦理学"列为共同必修课。抗战胜利后，教育部又本着注重必修科目、选修科目不必太多等原则，继续对大学课程科目进行调整。

抗战开始之后，国民政府对大学教材也进行了统一化管理。1939 年教育部设立了大学用书编辑委员会。1940 年该委员会决议，先编辑共同必修科用书，再编选修科用书。在编辑方法上，主要有三种：其一先对各出版社已印行的大学用书进行甄别，合格者经原著译者同意，作为部定大学用书；其二向社会公开征稿；其三特约各科专家审稿。

这一时期，国民政府对大学课程设置控制的加强，妨碍了大学的"教学自由"，引起了教授们的抵制。如闻一多先生就提道："大学的课程，甚至教材都要规定，这是陈立夫做了教育部长后才有的现象。这些花样，引起了教授中普遍的反感。"① 西南联大对教育部的这一规定，也据理力争，要求教育当局给予学校更多的教学自由，不必"刻板文章，勒令从同"，明确表示"盖本校承北大、清华、南开三校之旧，一切设施均有成熟，行之多年，纵不敢谓极有成绩，亦可谓当无流弊，似不必轻易更张"。② 在具体实践中，各大学也没完全按照教育部的规定来进行课程设置，如乐山时代的武汉大学"政治系一年级选修课即增加了'中国通史'、'货币与银行'等课目；机械工程学系增加了'高等微积分'等选修课；生物系一年级的选修课'微积分'改为必须课；理、工科学生必须增修'中国通史'和'国文'"。③

---

① 《清华大学校史稿》，中华书局 1981 年版，第 299 页。

② 《南开大学校史》，南开大学出版社 1981 年版，第 260 页。

③ 武汉大学校史编辑研究室：《武汉大学校史简编（1913—1949）》1983 年印行，第 95～96 页。

由上可知，民国前期，由于政府对大学教育的相对放任，各大学的教学工作基本上由其按照学术规律自主安排，这样就赋予了授课教师很大的课程设置以及教材选择的自由权，这有利于教师们将自己的独立研究和心得体会传授给学生。这一时期，课程设置自由权得到了教育法规的保障，被视为是属于大学教授会或评议会的职权，这在各大学规章中也有明确的规定。

南京国民政府成立之后，加强了对各大学课程设置的控制。这虽然在一定程度上，有利于规范各大学的学科设置，利于统筹发展学术，但是它也在客观上限制了大学课程设置的自由，不利于创新型知识的产生，也不利于创新型人才的培养。尤其值得注意的是，此时国民党加强对课程的控制，很大程度上是为了实现其思想控制的目的，将三民主义、党义等课程列为必修课即是明证。接受过民国前期教学自由观念洗礼的广大师生，对国民党干涉教学自由的行为，进行了坚决的抵制。这在一定程度上，保障了教学自由在实然状况的存续和活跃，西南联大的兴盛就是一个鲜活的例子。

第四节　学位授予自由权

一、学位制度概述及其与教学自由的关系

学位是标志被授予者的受教育程度和学术水平达到规定标准的学术称号，经在高等学校或科学研究部门学习和研究，考试合格后，由有关部门授予国家和社会承认的专业知识学习资历。学位制度是在高等教育发展的历史过程中逐步形成的。

学位这一概念，起源于 12 世纪意大利波隆那大学和法国巴黎大学。波隆那大学当时是学习法律的中心，它的教师被称为博士。巴黎大学当时是学习"七艺"（文法、修辞、辩证法、算术、几何、音乐、天文，统称文科）的中心，它的教师被称为硕士。这种称号是由教师行会（基尔特）所授予的，原意是对大学教师资格的认可。硕士、博士起初并无高低之分，后来巴黎大学对修习文科毕业生，经

116

过考试，被认为具有教师的品德和才智的，授予硕士称号；对修习神学、法律、医学等科毕业生，经考试合格的，授予博士学位。因为文科所修的是基础课程的"七艺"，毕业后才继续在神学、法律、医学方面深造，文科成为基础科，其他各科成为专修科，学科分出高低，硕士与博士也分为高低两个等级。①

1158 年，波隆那大学获得罗马教皇弗雷德里克一世颁发的世界上第一张有权授予博士学位的许可证，不久便授予第一批法学博士和医学博士。大约 1170—1175 年间，巴黎大学授予了世界上第一批硕士学位。学士学位的产生比硕士和博士学位晚，它产生于 13 世纪。学士原意指"新手"，即师傅的帮工。学生在大学学习 5—6 年后，被学校允许试讲、试教，作为教授的助手。当中世纪大学高级科（神、法、医）和低级科（艺科）分离时（15 世纪后），学士学位才被明确授予在艺科学习完三艺（文法、修辞和辩证法）的毕业生，表示学士既是硕士学位的候选人，又是教授的助手。至于学士这一称号，兼有完成一定学业的青年学生与助教的意义。

19 世纪初，德国教育家洪堡根据新人文主义思想创办了柏林大学，他主张大学要广泛开展世俗的科学教育和发展民族文化，提倡学术自由，实行教学和科研的统一。在他的倡导下，德国的新型大学很快突破了中世纪以来大学由法、神、医三科主导地位的传统模式，自然科学和社会科学受到空前的重视。在德国新型大学中，由于自然科学和社会科学研究备受重视，所以哲学博士学位也就应运而生。申请哲学博士学位者不仅被要求接受正规的学术性高等教育，而且必须从事科学研究工作，并完成富有创见、对科学发展有所贡献的论文，且论文需提交大学教授会主持的答辩会通过，通过后才可授予博士学位。德国哲学博士学位的设立，一方面丰富了学位的内涵，体现了学位的学术价值和水准；另一方面，严格的学位授予程序又推动了学位授予过程的规范化和制度化。至此，现代学位制度基本确立。

---

①　周洪宇：《学位与研究生教育史》，高等教育出版社 2004 年版，第 9 页。

由此可见，学位制度的发展与教育制度有着十分紧密的联系。学位从作为大学教师资格的认可，到分别各科毕业生的等级，从而转化为一定学术水平的标志，形成了学位制度。作为世界上大多数国家在高等教育阶段通行的一种国家教育制度和学术管理制度，学位的授予，以严格的科学训练和考核制度为基础，是国家对专业人才的学术水平和专业知识能力给予的客观评价和奖励。是对学位获得者的一种奖励和鼓励。学位制度的建立和实施有利于促进专业人才的成长，促进各门学科学术水平的提高，促进科学技术和教育文化事业的发展，促进国际间的交流与合作，有利于形成尊重知识、尊重人才的社会风气。

鉴于学位制度的重要作用，它是表明一个人专业水平、学术水准的重要标志，因而学位授予权的归属具有至关重要的作用。学位授予权的掌握者，往往能够决定学位授予的标准和程序，而这些又直接决定了大学教学的内容，教学方式等。因而，要实现教学自由，就必须将学位授予权掌握在教授们的手中，只有他们按照学术发展的需要，自由决定学位授予的程序和标准，才能保证其上游的教学的自由。

二、民国时期学位授予自由权概况

学位制度正式列入中国教育法规始于教育部于 1912 年 10 月公布的《大学令》，"大学各科学生修业期满，试验及格，授以毕业证书，得称学士。""大学院生在院研究，有新发明之学理或重要之著述，经大学评议会及该生所属某科之教授会认为合格者，得遵照学位令授以学位。"同时还规定大学评议会有审查"大学院生成绩及讲授学位者之合格与否"之事项，教授会有审查"提出论文请受学位者之合格与否"之事项。①

1913 年 1 月，《大学规程》中又再次重申："大学院生自认研究完毕，欲受学位者，得新其研究事项提出论文，请求院长及导师审

---

① 《教育杂志》第 4 卷第 10 号，1913 年 1 月。

定，由教授会议决，遵照学位令授以学位。"① 1914 年 7 月发布的关于教育部官制的总统令，将"授予学位事项"与"博士会事项"规定为专门教育司职掌事务之一。②

1915 年 1 月，袁世凯以大总统名义发布的《特定教育纲要》，其中关于学位制的规定有："学位除国立大学毕业，应按照所习科学给予学士、硕士、技士各字样外，另行组织博士会，作为审授博士学位之机关，由部定博士会及审授学位章程暂行试办。""学位规定后，政府应颁布学位章服以表彰其学迹。"③

1917 年 9 月颁布的《教育部修正大学令》第 10 条规定："大学本科学生修业期满、试验及格，授以毕业证书，称某科学士。"④ 1919 年 3 月教育部公布《全国教育计划书》，拟"立中央评定学术授予学位之机关"。⑤ 但是，这一政策并没有实施。

教育部于 1924 年 2 月颁布的《国立大学条例》规定："国立大学校学生修业完毕试验及格者，授以毕业证书，称某科学士。""国立大学校设大学院，大学校毕业生及具有同等程度者。大学院生研究有成绩者，得依照学位规程给予学位。学位规程另定之。"⑥ 但学位规程最终没能制定出来。

由上可知，民国初年的法规，已经明确地规定了大学拥有学士学

---

① 《教育杂志》第 5 卷第 1 号，1913 年 4 月，转引自舒新城编：《中国近代教育史资料》中册，人民教育出版社 1961 年版，第 659 页。

② 朱有瓛主编：《中国近代学制史料》第 3 辑上册，华东师范大学出版社 1992 年版，第 81 页。

③ 《教育公报》第九册，见朱有瓛主编：《中国近代学制史料》第 3 辑上册，华东师范大学出版社 1992 年版，第 53 页。

④ 《教育杂志》第 9 卷第 12 号，1917 年 12 月，见舒新城编：《中国近代教育史资料》中册，人民教育出版社 1961 年版，第 663 页。

⑤ 《教育杂志》第 11 卷第 3 号，1919 年 3 月，见王学珍、张万仓编：《北京高等教育文献资料选编（1861—1948）》，首都师范大学出版社 2004 年版，第 433 页。

⑥ 王学珍、张万仓编：《北京高等教育文献资料选编（1861—1948）》，首都师范大学出版社 2004 年版，第 521 页。

位的授予权。这一时期国家只是笼统地规定学位授予权归属于大学，至于按照什么标准来授予学位，则一般由大学自主决定。北京大学是民国时期最早的国立大学，该校到 1916 年才有本科毕业生 66 人，他们全部获得了学士学位。清华大学"修业至少 4 年，1927 年规定必须修满 136 个学分，1929 年改为 132 个学分及党义（2 个学分）、体育（8 个学分）、军训（6 个学分）及格，并于学年考试终了前呈缴毕业论文一篇，经教授会审查通过后，始准予毕业，授予学士学位"。①

此时，高级学位制度的设计已日渐清晰，但是教育部尚未颁布研究生学位授予法。在实践中，有些学校已经开始招收研究生，甚至先于教育部制定了自己的硕士学位授予办法。以清华大学为例，1929 年《国立清华大学规程》即规定"研究院学生修业期限无定，其学位之授予依学位条例办理之"。② 1934 年颁布的《国立清华大学研究院章程》则进一步强调"凡在本大学研究院研究满 2 年，其历年学分平均成绩、毕业论文及毕业初试，皆及格者，给予研究院期满考试及格之证书，并依照教育部定章，授予硕士学位"。③ 但由于教育部《学位授予法》直到 1935 年才开始实施，实际上这一时期清华大学并没有授予硕士学位。北大研究院也规定在学位法未颁布以前，暂给予甲种或乙种证书，以后再补授相当的学位。④

南京国民政府建立之后，对学位制度进行了进一步的完善。1929 年颁布了《大学组织法》和《大学规程》，其中规定，只有大学和独

---

① 苏云峰：《从清华学堂到清华大学（1928—1937）近代中国高等教育研究》，三联书店 2001 年版，第 61 页。
② 清华大学校史编写组编著：《清华大学校史稿》，中华书局 1981 年版，第 119 页。
③ 王学珍、张万仓编：《北京高等教育文献资料选编（1861—1948）》，首都师范大学出版社 2004 年版，第 687 页。
④ 萧超然等编著：《北京大学校史（1898—1949）》，北京大学出版社 1988 年版，第 205 页。

立学院才有授予学位的权力。颁布于 1931 年 4 月 22 日《学位授予法》①（实施于 1935 年 7 月 1 日）是民国时期关于学位制度的第一部专门性法律。该法将学位分为学士、硕士和博士三级，规定学士、硕士学位授予权归大学和独立学院，博士学位由国家授予，并规定硕士学位和博士学位的获得需参加学位考试，并提交论文。这标志了我国学位授予制度的成型。此后，教育部又在《学位授予法》的基础上，颁布了《学位分级细则》、《硕士学位考试办法》、《硕士学位考试细则》等多部法律来完善学位授予制度。

《学位授予法》颁布实施之后，学士学位的授予工作继续有条不紊地进行着。硕士、博士学位的授予工作进行的却不太顺利。在 1935 年即《学位授予法》付诸实施的当年，全国申请设立研究院或研究所者，仅 12 所大学；1935、1936 两年硕士学位考试出现空白；1937 年才开始举行第一届硕士学位考试。② 虽然教育法规将硕士学位的授予权归于各大学及独立学院，但是对此也进行了一些限制。如 1935 年颁布的《研究生学位考试细则》规定硕士学位候选人考试合格之论文（附提要一份）、试卷及各项成绩，应于考试完竣后一月内由校呈部复核。复核无异者，由大学或独立学院授予硕士学位。③

博士学位的授予工作则更加艰难。直到 1940 年秋，国民政府教育部学术评议委员会第一届第二次大会通过了《博士学位评定组织法》和《博士学位考试细则》两份草案。但 1943 年 5 月 12 日，行政院指示"抗战以前各校因设备以师资之限制，学术研究窒碍良久，致使博士学位之授予迄未实施；近来各校困难加增，培植尤艰，该项博士学位之授予，应缓办"。④ 但有关博士学位的这些具体规定到

---

① 中国第二历史档案馆：《中华民国史档案资料汇编》第 5 辑第 1 编，江苏古籍出版社 1994 年版，第 1406～1407 页。

② 李华兴主编：《民国教育史》，上海教育出版社 1997 年版，第 551 页。

③ 中国第二历史档案馆：《中华民国史档案资料汇编》第 5 辑第 1 编，江苏古籍出版社 1994 年版，第 1410 页。

④ 《第二次中国教育年鉴》第 6 编第 5 章，商务印书馆 1948 年版，第 79 页。

1949 年前，均没有实施过。民国时期，我国也没有授予过博士学位。

　　由此可见，民国时期的学士学位的授予权完全归属于高校，不仅学位由大学授予，而且具体的授予标准、方式等都由各高校自主规定。大学的硕士学位授予权则是受限制的，表现在教育部规定了考核方式，且掌握着硕士论文的审核权。博士学位的授予权则归教育部，但是由于各种原因也没有得到实施。

第四章 民国时期教学自由权的
运行及限度

第一节 民国时期大学教师待遇与教学自由权

一、民国时期大学教师待遇的法律规定

民国时期，为了保障大学教师全身心地投入到教学科研中，为他们提供了丰厚的待遇。大学教师除了领取基本的薪俸之外，还能得到学术研究助学金、战时生活补助、久任教员奖、带薪休假以及进修等福利待遇，这客观上为教学自由的实现提供了坚实的物质基础。

民国时期，大学教师的薪俸实行分级制度，依据其职称状况酌情配发工资。1912 年 10 月，民国政府教育部颁布的《大学令》，将大学教员划分为专任和兼任教员两类，专任教员有教授、助教授；兼任教员则有讲师。1914 年 7 月，民国政府教育部颁布了《教育部直辖专门以上学校职员薪俸暂行规程》，规定"凡直辖学校教员，分专任、兼任两种。专任教员，除兼充分科学长或教务主任及学监主任场长院长等外，不得兼司他项职务。其应支薪俸数目如下：（甲）大学专任教员，月支 180～280 元；（乙）大学预科专任教员，月支 140～240 元；（丙）高等师范学校专任教员，月支 160～250 元；（丁）专门学校专任教员，月支 160～250 元"，"兼任教员之薪俸，按授课时间实数支给之，每小时薪俸如下：（甲）大学校兼任教员，每小时酌支 3～5 元；（乙）高等师范学校、专门学校大学预科之兼任教员每

小时酌支 2～4 元；凡外国教员之薪俸及授课时间，别以契约定之"。① 此暂行规程从法律上规定了大学教师的薪金标准及发放方式，专任教员工资按月发放，兼任教员则采用计时工资的方式。1917 年 5 月，北京国民政府教育部正式颁布了《国立大学职员任用及俸薪规程》。该规程将大学教师职称进一步细化，教授共有正教授、本科教授、预科教授三类，教授之下又有助教和讲师。其薪资分别计算，见表 1（这里列举的数字是指的月工资）：

表1   **1917 年国立大学职员薪俸表**②   （单位：元）

	正教授	本科教授	预科教授	助教	讲师	外国教员
第一级	400	280	240	120		
第二级	380	260	220	100		
第三级	360	240	200	80	每小时2元至5元	薪数别以契约定之
第四级	340	220	180	70		
第五级	320	200	160	60		
第六级	300	180	140	50		

相较于 1914 年《暂行规程》，该规程对大学教师工资标准规定得更加细致，但是却缺乏弹性，不利于高校根据所处地域及该校经济状况、当地生活水平等来配发工资，这样会造成教师工资待遇实质上的不公平。因而，1927 年 9 月，南京国民政府教育行政委员会修订颁发的《大学教员薪俸表》，就实行了相对弹性的工资标志，加大了高校薪俸发放的自由裁量权（见表 2）。

---

① 《教育部直辖专门学校职员薪俸暂行规程》，见《教育杂志》1914 年 8 月第 6 卷第 5 号。

② 参见刘英杰主编：《中国教育大事典（1840—1949）》，浙江教育出版社 2001 年版，第 658 页。

表2   **1927 年大学教员薪俸表**

类　　别	月　俸　数
教授	400～600 元
副教授	260～400 元
讲师	160～260 元
助教	100～160 元

　　在发布该表的同时，教育行政委员会还规定："以上各教员之薪俸，得因各大学之经济情形而酌量增减之。"这样，大学就可以根据其经费状况，当地居民生活水平情况等来确定大学教师的工资，从而保障大学教师生活的稳定，更好地投入到教学中去。

　　1940 年 8 月，教育部公布《大学及独立学院教员聘任待遇暂行规程》，其规定专任教员薪俸如表3：

表3   **1940 年大学教员薪俸表①**   （单位：元）

	教　授	副教授	讲　师	助　教
第一级	600	360	260	160
第二级	560	340	240	140
第三级	520	320	220	120
第四级	480	300	200	110
第五级	440	280	180	100
第六级	400	260	160	90
第七级	370	240	140	80
第八级	340			
第九级	320			

---

　　①　根据 1940 年教育部颁《大学及独立学院教员聘任待遇暂行规程》整理，见《教育法令》，上海中华书局 1947 年版，第 155～156 页。

为了保障大学的教学质量，国家在法律法规中提高了教学的地位，采取了一些措施，如对教师的授课最短时间进行了规定，限制外校兼课等。如"教授副教授讲师授课时间每周以 9 小时至 12 小时为率，不满 9 小时者照兼任待遇。但担任行政事务或实际上须以充分时间从事实验或研究，经学校允许，得酌量减少授课时间。教学实验之时间，以 2 小时作 1 小时计算"。"专任教员之薪金概以每年 12 个月计算，在校内兼任职务者不另兼薪。""兼任教员之待遇标准另定之。""专科学校教员之聘任及待遇，得比照本规定办理，惟教授月薪以第六级为最额。"①

除了通过立法保障大学教师的基本薪俸之后，民国政府为了鼓励大学教师专心从事科研和教学，还实行了奖金补助制度。为鼓励科研，从 1943 年 10 月起，凡高等学校教师，教育部都按月给他们发送科学研究补助费。而且补助费还会随着物价的水平而调整。如"民国 32 年，每月发给教授 500 元，副教授 380 元，讲师 250 元，助教 260 元。民国 33 年，发给教授 1000 元，副教授 760 元，讲师 500 元，助教 260 元。民国 34 年，每月发给教授 2000 元，副教授 1500 元，讲师 1000 元，助教 500 元"。②

在特殊时期，为了改善大学教师的生活水平，教育部会颁布专门法规，为他们发放生活补助金、生活用品等。例如抗战期间，国统区物价飞涨，人们生活困苦，为了缓解广大教职工的生活压力，教育部颁布了《非常时期改善教职员生活办法》，规定"从 1941 年 10 月 1 日起，发给平价粮食代金，凡教育部所办学校的教职员及其符合规定条件的家属，每人每月可领取一定数量的代金"。③ 从 1942 年 10 月 1 日开始，教育部又订立了《国立学校教职员战时生活补助办法》，除

---

① 教育部编：《教育法令》，上海中华书局 1947 年版，第 156 页，转引自宋恩荣、章咸主编：《中华民国教育法规选编 1912—1949》，江苏教育出版社 1990 年版，第 691 页。

② 熊明安：《中华民国教育史》，重庆出版社 1990 年版，第 279 页。

③ 李国钧、王炳照总主编：《中国教育制度通史》第 7 卷，山东教育出版社 2000 年版，第 250 页。

了继续实行领米代金外，还依照当时的物价涨幅状况，向教师发放生活补助金。①

为了鼓励和坚定大学教师以大学教学和科学研究为终身职业，教育部还根据教师的服务年限，设立了退职恤金制和久任教员奖金制。1917 年 5 月，教育部颁布的《全国大学职员任用及薪俸规程》规定"职员在本校前后任职满若干年，若因病废或年满 60 岁，自请退退职者，给予终身恤金，为其退职时所支薪数百分之若干份，其支给自退职之翌月起，至死亡之月止。满 10 年者支 10%，满 15 年者支 20%，满 20 年者支 30%，满 25 年者支 40%，满 30 年或 30 年以上者支 50%。"② 1942 年，教育部设久任教员奖，规定凡是在高等学校任教满 20 年以上者，每人每年奖励 3000 元；任教 10 年以上者每人每年则奖 1500 元。

民国时期，大学教员还可以享受休假和科研进修。1917 年 5 月，教育部颁布的《全国大学职员任用及薪俸规程》规定："凡校长、学长、正教授，每连续任职 5 年以上，得赴外国考察一次，以 1 年为限，除仍支原薪外，并酌支往返川资。"1941 年，教育部颁布的《国立专科以上学校教授休假进修办法》规定："国立专科以上学校对于连续在校专任教授满 7 年以上成绩卓著者……予以离校考察或研究半年或 1 年之机会。""合于前条规定之专任教授而为经学校予以休假进修机会者，得由校呈经教育部核准离校考察或研究 1 年，经费由教育部拨给之。"③ 该办法还规定了进修教授在进修时的薪水照常发放，并由教育部交由原校转发，从而解决了教授的后顾之忧。

二、国立大学教师待遇状况与教学自由权

北京政府时期，国立大学教职员待遇一般执行的是 1917 年 5 月

---

① 参见《第二次中国教育年鉴》，商务印书馆 1948 年版，第 517～518 页。
② 潘懋元、刘海峰编：《中国近代教育史资料汇编·高等教育》，上海教育出版社 1993 年版，第 786 页。
③ 潘懋元、刘海峰编：《中国近代教育史资料汇编·高等教育》，上海教育出版社 1993 年版，第 784 页。

北京政府教育部颁布的《国立大学职员任用及俸薪规程》标准。但各大学在具体执行过程中，往往根据本校的实际情况予以调整。1914年7月，北京政府公布的《直辖专门以上学校职员薪俸暂行规程》规定：大学校长月薪400元，高等师范学校及专科学校校长月薪300元，大学教员180~280元，预科教员140~240元，高等师范学校教员160~250元，专科学校教员160~250元。大学教员服务5年以上，每年还有数量不等的津贴。像北大、清华著名教授的薪俸则更高。从当时的物价水平来看，大学教师的薪俸是比较优厚的，对稳定教师队伍、提高教学水平都是有利的。

蔡元培出任北京大学校长之后，十分重视教师薪俸的按时发放，以保障教师教学活动的顺利进行。如1920年国立北京大学教职员待遇章程起草委员会认为"教育界之薪俸太薄，既不足衣食之费，更不敷研究学术之用，与其职业比较太低"，决议提高教职员薪俸等级：大学专任教员分正教授、预科教授与助教三等；正教授月薪为300~400元，预科教授分6级，月薪为240~340元，助教月薪仍旧，为50~120元。[1]

清华学校于1925年设立大学部，1928年8月改名为"国立清华大学"。在大学部时期清华的教师分为教授、教员与助教三等，其中教授又分为正教授、一级教授、二级教授和三级教授四个级别，其薪俸规定如下：正教授薪俸额为300~500元，一级教授为250~400元，二级教授为200~300元，三级教授为150~250元；教员100~200元；助教50~100元。[2]

为了提高教师品质，清华大学设立了学术休假研修制度。教师任满5年，得休假1年，如欲出国研究，除支半薪外，还补助美金520元，及每月研究费美金百元。如在国内研究，则最高可领补助费国币

---

① 王学珍、郭建荣主编：《北京大学史料》第2卷（上册）（1912—1937），北京大学出版社2000年版，第491~492页。

② 《国立清华大学评议会议记录》，《教师薪金增加简明表》（1926年5月5日《第四次评议会开会记录》），清华大学档案，编号1-2：1-6：1。

2400 元。讲师亦可申请休假成果研究。此制度自 1929 年实施，开始时每年二三人，梅贻琦掌校后人数大为增加，1932 年 7 人，1933 年 12 人，1934 年 13 人，1935 年 17 人，1936 年 13 人。梅贻琦认为："此举自教师待遇方面言之，可视为权利，而自学校欲以提高师资方面言之，亦应视为义务。历年以来，大凡符合规程标准之教师，以学校经费限度所许，尽量资送，每年约在 10 人左右。或则远涉重洋，或则投身边鄙，无不尽力于学术之探讨，或实地观察，故研究之结果，虽不必绳以定程，亦均有所表现也。"①

的确，学术休假从一方面说是大学教师可以享受的一种福利待遇，一种权利，从另一方面说则是大学可持续发展的要求，通过休假既使教师在长期脑力劳动后身心休息，又能利用这段时间对自己的教学和研究进行反思，或补充提高进修，或进行学术交流，或重新审视自己的研究方向，开辟新的研究领域。这对大学的长远发展无疑是十分重要的，从根本上说是对大学有利的。

国立武汉大学于 1930 年 9 月 8 日颁发的《大学教职员待遇规则》，将教师分教授、助教、讲师三级，其薪俸分别为："教授与助教薪俸均分为 9 级，教授月薪为 300～500 元，助教月薪为 100～180 元；讲师薪俸依钟点计算，本科每小时 5 元，通习课程每小时 4 元。"② 其教员的薪俸基本上是按照教育部规定颁发的。

虽然，民国时期大学教员的工资基本上都是按照教育部规定发放的，但是在一些历史时期也时有欠薪现象发生。如北洋政府时期，由于教育经费经常不到位，欠薪现象十分严重，大学教师有时甚至仅能拿到其薪俸的十分之一二。为了抗议政府的欠薪行为，当时的国立高等院校教师曾多次组织罢教索薪运动，如 1921 年 4 月 8 日，北京大学等八校教职员提出全体辞职以抗议北洋政府克扣教育经费，这严重

① 黄延复：《梅贻琦教育思想研究》，辽宁教育出版社 1994 年版，第 96 页。

② 参见国立武汉大学编：《国立武汉大学一览（民国 24 年度）》，1935 年，第 223 页。

影响了正常的教学秩序。南京国民政府成立初期，国立大学教员薪资积欠的状况也比较严重，为了维持正常的生活开支，当时大学教师兼课兼职的现象十分盛行。北大有的教授到外校兼课每周竟达40小时以上，遂不得不用轮流在各校请假的办法来应付。① 这严重影响到了国立大学教学活动的开展，学校"负责人员多不在校，各校教职员之多出人意料，教员在外兼课，有一人而担任几个学校系主任者，因之请假缺课视为常事"。② 大学教师的职业态度、学术操守也大受影响，很多人已不安心于教学工作。如1931年国联教育考察团在考察完国立大学之后指出："教授之态度，竟有不幸而为商业化者。"③

总体上来说，当时国立大学教授的工资是比较丰厚的，曾任北京大学物理系教授的李书华先生就曾经回忆道："我初到北大时，即领教授最高薪，彼时一年可领到八九个月的薪水。北京生活便宜，一个小家庭的用费，每月大洋几十元即可维持。如每月用一百元，便是很好的生活，可以租一所四合院的房子，约有房屋二十余间，租金每月不过二三十元，每间房平均每月租金约大洋一元，可以雇用一个厨子，一个男仆或女仆，一个人力车的车夫；每日饭菜钱在一元以内，便可吃得很好。有的教授省吃俭用，节省出钱来购置几千元一所的房屋居住；甚至有能自购几所房子以备出租者。"④

国立大学中大学教员的工资远高于普通职员和校工。例如1920年南京高师筹备改建国立东南大学，计划东南大学聘请预科教员24人，每人年俸2500元；助教及助理18人，平均月薪60元；书记、注册管理员、会计等20人，平均月薪60元；校工20人，每人平均月薪（工食）7元。⑤ 预科教员的平均月薪是校工的25倍，是职员

① 萧超然：《北京大学校史》，北京大学出版社1988年版，第283页。

② 萧超然：《北京大学校史》，北京大学出版社1988年版，第282页。

③ 国联教育考察团：《中国教育之改进》，国立编译馆1932年版，第46页。

④ 李书华：《七年北大》，见王世儒、闻笛编：《我与北大—"老北大"话北大》，北京大学出版社1998年版，第164页。

⑤ 《南大百年实录》编辑组编：《南大百年实录》上卷，第106页。

的 3 倍多。

三、私立及教会大学教师待遇状况与教学自由权

清末之际,大学是不允许私立的(教会大学除外)。1912 年,中华民国临时政府教育部废除了清政府颁布的只许私人兴办中等以下学校、高等学校全归官办的规定,宣布开放办学权限,除高等师范学校外,均允许私人开办。一批具有爱国思想的实业界与教育界人士开始投资兴学。与此同时,在 20 世纪前 20 年,教会大学得到迅猛发展。早期的教会大学在外国注册立案,不受中国法律的管辖,中国的教育行政部门根本不能过问教会学校的行政和教学。1922—1925 年爆发了"非基督教运动"和"收回教育权运动",国内舆论一致要求收回教育主权。南京国民政府成立后,国民党从其自身利益出发,努力发展教育,特别是高等教育,同时也加强了对私立大学的管理,明令私立大学与教会大学必须向政府注册立案。私立大学与教会大学从此也被纳入国家教育行政体系之内。

私立及教会大学教师的薪俸原本亦应遵照 1927 年教育行政委员会颁布的《大学教员薪俸表》所订的标准,但事实上,私立及教会大学的薪俸却鲜有达到这一标准的。南开大学与复旦大学是战前较有代表性的私立大学,两校教师的薪俸均远低于《大学教员薪俸表》所订标准。南开大学教授月薪大多在 180 ~ 300 元之间。[①] 复旦大学校长李登辉的薪俸,每月才 200 元,此外别无任何津贴;专任教授的月薪亦为 200 元,一年只支 11 个月的薪水,另一个月的薪水,以开办暑假学校的收入补足。[②] 私立大学与国立大学在教师待遇上的悬殊显然影响到了私立大学的发展。以南开大学为例,1929 年秋季,南开多名骨干教师或被国立大学高薪聘走,或因不满调整薪金悻悻离

---

① 南开大学校史编写组:《南开大学校史(1919—1949)》,南开大学出版社 1989 年版,第 121 页。

② 复旦大学校史编写组:《复旦大学志(1905—1949)》第 2 卷,复旦大学出版社 1985 年版,第 108 页。

去，教师队伍遂至发生了危机。国立与私立大学教师薪俸的差异显然受当时中国政府对高等教育重视程度的影响。

在北京政府时期，由于军阀混战，学校经费得不到保障，各国立大学欠薪十分严重，教师有时仅能拿到月薪的十分之一二。相比之下，私立大学因较少受时政的干扰，经费更多来自学费及捐款等，教师薪俸反而较有保障。如北京政府时期私立南开大学教师薪俸虽表面上较国立大学教师要低，但能保证每月按时发薪，绝无拖欠，因此许多教授仍然愿意留在南开大学任教。南京国民政府建立后，随着政治的逐渐稳定，经济的逐渐复苏，加之政府对教育较北京政府相对重视，高等教育日渐步入正轨。1928年国立大学开始接收国库的正常拨款。最初几年，国立大学虽仍有欠薪现象，但教师的薪俸较北京政府时期相对稳定并有明显提高，经费来源相对困窘的私立大学教师的待遇逐渐相形见绌。

据第一次教育年鉴所载，1931年各类高校俸给费在总经费中所占比例：公立高校占71%，省立高校占62%，国立高校占59%，而私立高校占50%（包括国人私立大学与教会大学）。① 在分析上述统计数字时，还要考虑到国立、省立高校总经费基数是较大的，特别是国立高校，与私立高校的总经费基数相差不啻天壤，由此判断，国人私立大学的薪金标准是较低的。正如大夏大学校长欧元怀所说："国人私立大学教授教课钟点多，课程多，批阅学生的课卷多，报酬少。"② 薪金标准较低，自然不易吸引优秀教师。例如，即便是堪称国人私立大学典范的南开大学，由于薪金标准比北平国立大学低，要想留住优秀教师也很不容易。此外，聘请兼任教师，也是国人私立大学办学水平较低的原因所在。由于薪金标准较低，国人私立大学的许

① 《中华民国教育年鉴·第一次中国教育年鉴丁编教育统计》，台北宗青出版社1991年版，第50～51页。
② 欧元怀：《论今日大学教育诸实际问题》，载《教育杂志》第1卷1937年，转引自宋秋蓉：《近代中国私立大学发展史》，陕西人民教育出版社2006年版，第440页。

多教授迫于生计，往往同时兼任几所学校课程；国人私立大学或为节省开支，或为延聘名师，常常聘请大量的兼职教师前来任课。

最初，在教会大学里，教师以西人为主，外籍教师占据主导地位，他们不是由学校聘请，而是由国外教会直接派遣。在 1925—1926 年间，在华教会大学共有教师 465 人，中国人只有 181 人。南京国民政府建立后，在"中国化"的目标下，教会大学中中国教师的比例逐渐增加。如 1927—1928 年，燕京大学社会学系 15 名教授中，中国籍有 11 名，占 73%；外籍教授 4 名，占 27%。到 1936—1937 年，燕京大学的 169 名教师中，外籍教师 41 人，占总数的 24.2%；中国教师 128 人，占总数 75.8%。①

在教会大学里，一般都存在中外籍教师待遇不平等的问题。中国教师待遇比外籍教师低得多。以 1911—1915 年为例，教会大学中国教师月薪一般在 60 ~ 130 元之间，平均月薪仅 86 元，国文教师月薪更低，平均仅为 36 元。② 南京国民政府时期，虽在《大学教员薪俸表》中规定中外籍教员薪俸应一视同仁，但这一状况并未得到明显改善。当时的教会大学，如沪江大学、东吴大学、圣约翰大学，都存在中外籍教师待遇悬殊状况。沪江大学中国教职员工的待遇只有同级美籍教员的 1/4 或更少一些；③ 东吴大学的教师分为管理组和非管理组，中文系教师和中学教师（圣经教师除外）组成非管理组，中国人较少能够获得讲师或助教以上的职位，他们薪水之低，甚至按照中国标准也显得寒酸。

与同期国立大学教师的薪俸相比，战前教会大学中国教师的薪俸普遍偏低。金陵女子大学与华南女子大学都是教会大学（金陵女大与华南女大原称"大学"，后因不符合南京政府所定的必须有三个学

---

① 转引自谭双泉：《教会大学在近现代中国》，湖南教育出版社 1995 年版，第 62 ~ 63 页。

② 转引自谭双泉：《教会大学在近现代中国》，湖南教育出版社 1995 年版，第 62 ~ 63 页。

③ 转引自谭双泉：《教会大学在近现代中国》，湖南教育出版社 1995 年版，第 62 ~ 63 页。

院以上才能称"大学"的规定,改为"学院")。据1931年华南女大教员履历表记载,华南女大教职员薪俸分为外籍传教士教师和中国教师两个等级,前者月薪是330元,后者月薪多为120元。① 1934年,华南女大修订了教师薪俸标准,规定:不论教授、副教授或讲师,薪俸一律为160元。② 这种规定显然与国民政府教育部规定的对各级教师薪俸予以分等不相符合。

另一所教会大学金陵大学于1928年9月颁布《教职工职称分类和薪水等级条例》。依照该条例,金大教师的薪俸分4等20级,教授月薪为210~300元,副教授160~200元,讲师110~150元,助教60~100元;其中教授每级又分两等。比较前述国立大学教师的薪俸,金陵大学教授的薪俸亦低许多。具体情况见表4:

表4 **金陵大学教员薪俸表③** (单位:元)

等级 职务	1	2	3	4	5
教授	290/300	270/280	250/260	230/240	210/220
副教授	200	190	180	170	160
讲师	150	140	130	120	110
助教	100	90	80	70	60

总体来看,国立与私立、教会大学教师之薪俸存有较大差异。国立大学教师薪俸一般均较私立、教会大学同级别的教师薪俸高。据统计,1931年,国立大学教授月薪平均为265.6元,私立大学仅为

① 转引自朱峰:《基督教与近代中国女子高等教育——金陵女大与华南女大比较研究》,福建教育出版社2001年版,第253~255页。

② 朱峰:《基督教与近代中国女子高等教育——金陵女大与华南女大比较研究》,福建教育出版社2001年版,第252页。

③ 参见《南大百年实录·金陵大学史料选》中卷,南京大学出版社2002年版,第192~193页。

124.3 元。① 1937 年 1 月，欧元怀在《教育杂志》发表文章指出："（教授待遇问题）在国立大学里或不至于若何严重，在私立大学里就很难解决。在国立大学里，教授只感觉到能否安居乐业；在私立大学里就不仅钟点多，报酬薄，且有学生多寡的问题。"② 导致这种状况的原因，主要与当时各类大学教育经费的来源途径有关。南京国民政府时期，私立、教会大学虽向政府立案，但只有少数学校能得到政府的补助。据教育部对 1929—1930 年间大学经费来源数字的统计，国立大学之经费多由国民政府供给，其数占全部经费来源的 92.9%，学费之收入仅占 3.4%，其他收入占 3.6%；立案私立大学之经费中学费收入占 58%，土地之收入占 24.6%，其他收入占 17.2%。1929—1930 年间，中国国立大学每位学生平均占有费用为 824.7 元，其中政府负担为 797.37 元；而私立大学为 902.34 元，政府负担者仅为 25.35 元。③《第一次中国教育年鉴》即指出："全国各专科以上学校岁出入总额来源及其支配百分比与各类学校之性质有关。"其在岁入方面来源于国库、省库款之总额，以国立、省立、公立三类学校为较多（均在 80% 以上），私立者为最少（约占 6%）；来源于捐款之总额，以私立者为最多（占岁入 50%），国立者略有之（占14%），其余省立、公立者则无；来源于学生缴费杂项及财产收入者，以私立者为较多，国立、省立、公立者均甚少。④ 如此迥异的经费来源途径显然影响到各类大学教师薪俸之多寡，导致国立大学与私立、教会大学教师薪俸较大差异。

由此可见，由于私立大学经费来源的多元化，以及它同政府之间

① 马嘶：《百年冷暖：20 世纪中国知识分子生活状况》，第 71 页；南开大学校史编写组：《南开大学校史（1919—1949）》，第 122 页。
② 欧元怀：《论今日大学教育诸实际问题》，《教育杂志》1937 年 1 月第 27 卷第 1 号。
③ 国联教育考察团：《中国教育之改进》，国立编译馆 1932 年版，第 151~152 页。
④ 教育部编：《第一次中国教育年鉴》（丁编·教育统计），开明书店 1934 年版，第 3 页。

关系的相对独立，使得其在保障教师待遇方面具有独特的优势。但是，由于经费不像国立大学那样能够得到国家强有力的支持，其大学教师的薪金往往是低于国立大学的，这使其在吸引高水平教师方面具有一定的劣势。我们认为，福利国家等理念的兴起，现代国家在教育发展中的作用越来越大，离开国家财政的支持，大学的发展往往会遇到很大的阻力。因而，我们在保持大学在教师聘任、招生、课程设置等自由权利的同时，必须要为大学的发展提供必要的财政支持，例如必须保障大学教师的待遇水平，这既是大学教师们的权利，也是国家的义务。

第二节　民国时期教师管理制度与教学自由

一、民国时期大学教师资格制度与教学自由权

教师资格制度是国家对教师实行的一种特定的教师执业许可制度。它包含三个方面的含义：（1）教师资格制度施行的主体是国家；（2）教师资格制度是国家法律明确规定的，必须依法实施，具有强制性；（3）教师资格制度是教师执业许可，所有从事教师工作的人，自实行教师资格制度之日起，必须具有国家认定的教师资格。教师资格制度是教师队伍建设的基础。教师资格是国家对专门从事教育教学工作人员的最基本要求，是公民从事教师工作的前提条件，符合教师条件的人才允许成为教师。实行教师资格制度既有利于国家从教师队伍的"入口"把住质量关，也有利于促进教师队伍中尚未达到资格标准的教师努力提高其学历水平和教育教学能力，还有利于吸引有志于从事教师工作的优秀非师范类毕业生和其他行业工作人员通过申请认定教师资格、参加国家举办的教师资格考试等途径取得教师资格，再通过聘任等渠道进入教师队伍。这样可以拓宽师资来源渠道，加快人才流动，提高教师队伍的素质。

民国时期，教育部颁布了多部法规明确了大学教师任职的基本标准。民国成立初期，1912年11月，北洋政府教育部公布的《公立私

136

立专门学校规程》就规定："凡具有下列各款资格之一者，得充公立私立专门学校教员；具有下列各款资格之一，且曾充专门学校教员 1 年以上者，得充校长：（一）在外国大学毕业者；（二）在国立大学或经教育部认可之私立大学毕业者；（三）在外国或中国专门学校毕业者；（四）有精深之著述经中央学会评定者，如校长教员一时难得合格者，得延聘相当之人充之，但须呈经教育总长认可；其认可之效力，以在该校任职时为限。"

1913 年 1 月教育部公布的《私立大学规程》进一步规定：凡具有下列各款资格之一者得充任私立大学教员：在外国大学毕业者，在国立大学或经教育部认可之私立大学毕业并有研究者，有精深之著述、经中央学会评定者。1914 年后，教育部只对其直辖学校的教师资格进行规定，私立学校也可适用并参照这些规定。1914 年 7 月公布《直辖专门以上学校职员任用暂行规程》、《教育部直辖专门以上学校职员薪俸暂行规程》。在教员资格上规定：凡直辖学校教员以专门以上学校毕业或于某门学问具有专长者充之。

民国时期教育部对大学教师的任命更重视其真才实学。如 1914 年 7 月，教育部发布《教育部直辖专门以上学校职员任用暂行规程》规定："凡直辖学校教员及学监主任非专门以上学校毕业不能充任；但教员非由学校毕业而于某门学问具有专长者，亦得充之。"可见，当时的学历并不是大学教员任职的必备条件。这一方面固然与民国初创时期，具有学位的大学毕业生较少，导致大学教师来源不足有关；另一方面也与当时国家重视知识、看重人才的观念有关。这客观上为教学自由权的实现提供了比较宽松的环境。

南京国民政府成立之后，大学教师资格制度进一步得到完善。如 1927 年 6 月 15 日教育行政委员会公布《大学教员资格条例》，规定了对大学教员的等级、资格及审查办法。大学教员名称分一二三四等：一等曰教授，二等曰副教授，三等曰讲师，四等曰助教。资格：助教为"国内外大学毕业，得有学士学位，而有相当成绩者。于国学上有研究者。讲师：国内外大学毕业，得有硕士学位，而有相当成绩者。助教完满 1 年以上之教务，而有特别成绩者。于国学上有贡献者。副教授：外国大学研究院若干年，得有博士学位，而有相当成绩者。讲师满 1 年以上之教务，而有特别成绩者。于国学上有特殊之贡献者。教授：副教授完满 2 年以上之教务，而有特别成绩者。

1929 年 8 月 19 日，教育部公布《专科学校规程》规定，凡具有下列各款资格之一，经审查合格者，得充专科学校教员："（一）在国外大学毕业者；（二）在国立省立或已立案之私立大学毕业者；（三）在国外专门或专科学校毕业者；（四）在国立省立或已立案之私立专门或专科学校毕业者；（五）曾在国立或省立或已立案之私立专门或专科以上学校担任教职 1 年以上者；（六）在学术上有专门之著述或发明者。"从当时规定可见，正规大学的学习经历固然是大学教师聘任的重要条件，但是也为那些没有受过正规大学教育，但是具有丰富的教学经验以及学术上具有专门研究的人打开了大门。这样，一方面能够将最广泛的具有教学科研能力的人吸收到大学教师队伍中来；另一方面国家为大学教师们教学自由权的实现提供了一个比较便利和宽松的环境。因为这给教师们提供了一个积极的信号：只要专心致力于教学和科研，国家就提供教学岗位，这样就鼓励了大批大学教师们在自由和谐的气氛下，专心从事教学和科研。

抗战之后，国家加强了对大学教员的管理，特别是严格了大学教员的聘任资格的管理。例如 1940 年 10 月 4 日，教育部公布《大学及独立学院教员资格审查暂行规程》就规定："大学及独立学院教员分教授、副教授、讲师、助教四等。大学及独立学院教员等别，由教育部审查其资格定之。""助教须具下列资格之一：1. 国内外大学毕业，得有学士学位而成绩优良者。2. 专科学校或同等学校毕业，曾在学术机关研究或服务 2 年以上著有成绩者。""讲师须具下列资格之一：1. 在国内外大学或研究院所研究，得有硕士或博士学位或同等学历证书，而成绩优良者。2. 任助教 4 年以上著有成绩，并有专门著作者。3. 曾任高级中学或其同等学校教员 5 年以上，对于所授学科确有研究，并有专门著作者。4. 对于国学有特殊研究及专门著作者。""副教授须具下列资格之一：1. 在国内外大学或研究院所研究，得有博士学位或同等学历证书，而成绩优良，并有有价值之著作。2．任讲师3年以上，著有成绩，并有专门著作者。3．具有讲师第1款资格，继续研究或执行专门职业4年以上，对于所习学科有特殊成绩，在学术上有相当贡献者。""教授须具有下列资格之一：1．任副教授3年以上，著有成绩，并有重要之著作者。2．具有副教授第1款资格，继续研究或执行专门职业4年以上，有创作或发明，在学术上有重要贡献者。""凡在学术上有特殊贡献而其资格不合于规程者，经教育部学术审议委员会出席委员3/4以上之表决，得任教授或副教授，前项表决用无记名投票法"。由此可见，高等学校的教育经历成为大学教员任命的必要条件，这样就将那些没有受过专门教育却有真才实学的人排除出去了。而且，教育部对大学教员的资格进行专门的审查，这样就限制了大学在教师聘任方面的自由权。

为了加强对大学教师的管理，教育部于1941年成立学术审议委员会，除教育部部长、次长、高教司司长为当然委员外，另聘委员25人，任期3年。他们专门进行教师资格的审核工作。1941年6月3日，国民政府行政院通过《教育部设置部聘教授办法》规定："部聘教授须具备下列条件：（一）在国立大学或独立学院任教10年以上者；（二）教学确有成绩声誉卓著者；（三）对于所任学科有专门著作且有特殊贡献者。""部聘教授须由教育部提经学术审议委员会全体会议出席2/3以上之可决后聘请之。""部聘教授任期5年，期满后经教育部提出学术审议委员会通过续聘者，得续聘之。""部聘教授名额暂定30人。"部聘教授的设立，进一步限制了大学教员的聘任自由。由此可见，要想保障教学自由权的实现，就必须建立真正有利于选拔具有教学和科研能力的教育人才的教师资格制度，必须在高校自主选拔大学教员与大学教师资格审查之间实现一个有机的平衡。建立起一套行之有效的大学教师资格制度，能够在保障必要的大学教学自由的前提下，对大学教师的基本素质进行甄别，保障大学教学的高效进行，进而实现教学自由与教学效率的和谐共处。

二、民国时期大学教师考核制度与教学自由权

民国政府对大学教师考核制度的重要性进行了阐明。如1912年

9月2日，北洋政府颁布的《教育部训令训学校管理员及教员》就认为："教育为神圣之事业，乃国家生命之所存。凡为学校管理员与教员者，于其职务，宜竭诚将事，以尽先知先觉之责。对于学生，亲之良友，爱之如子弟，本身作则，以陶冶其品性，养成其独立自营之能力。诸君在校内，既为学生所矜式，在校外即树社会之楷模，果具高尚贞固之精神，以终身尽职为乐，则我中华民国学术之发达，风俗之转移，与世界列强同臻进化之盛轨，盖非运莫能致者矣，惟诸君勉之。"

民国时期，教育部对大学教师的考核主体进行了详细的规定。如1914年7月教育部公布《教育部直辖专门以上学校职员任务暂行规程》规定："教员承校长之命，襄同学长或教务主任掌理学生之教育。""直辖学校教员，应就其担任之教科，参酌教授时间，预编教授程序表，于授课开始前，经由该校长详送教育部备查。教授程序表应记载本门功课以若干小时教授完毕，并分配所教授之要项。""直辖学校教员，应将讲授事项摘要记载于教授日志。前项教授日志，由分科学长或教务主任检查保存之。"

民国时期对大学教师兼课现象进行了限制，并将其作为考核一项重要内容。1917年2月6日，民国政府训令《学校主要科目教员不得兼任文》规定："各学校主要科目与学校性质及施教目的，随在相关。倘教员随意兼任，不定专员，流弊所至，将令主课成为附属，全校失其作用，至于时间之参差，听受之隔阂，均为事实所不免，教授精神，尤有日形涣散之虞，亟应明定限制，嗣后专门以上各学校所有主要科目，应一律定为专任，不得沿计时支薪之例，权宜兼允。如确因特别科目，取材艰乏或该项学科时间过少等不得已情形，仍须暂行兼任者，应由各该校长声叙理由，以凭考核。……民国四年八月，本部曾采全国教育会联合会之建议案，分咨各省，通令矫正兼任教员之弊，应仍由各该校长查照前案，期于实行，是为至要。"1929年6月17日，教育部训令《国立大学教授自十八年度上学期起应以专任为原则》："查大学教授，应以专任为原则：现时各校教授，每因兼课太多，请假缺课，甚至以一人兼两校或同校两院以上之教授，平时授课已虞不及，更何有研究之可言，共影响教学效能，妨碍学校进步，盖无有甚于此者，亟应严加整顿以绝弊端。即自十八年度上学期起，凡国立大学教授，不得兼任他校或同校其他学院功课，倘有特别情形，不能不兼任时，每周至多以 6 小时为限，其在各机关服务人员，担任学校功课，每周以 4 小时为限，并不得聘为教授，各校长务须随时详查，认真办理，勿稍瞻徇，是为至要。"1940 年 8 月，教育部《大学及独立学院教员聘任待遇暂行规程》规定："教员以专任为原则，应于学校办公时间在校服务。教授副教授讲师授课时间每周以 9 小时至 12 小时为率，不满 9 小时者照兼任待遇，但担任行政事务或实际上须以充分时间从事实验或研究，经学校允许，得酌量减少授课时间；教学实验之时间，以 2 小时作为 1 小时计算。""专任教员不得在校外兼课或兼职，但有特别情形经兼课学校先商得原校同意者，每周至多得兼课 4 小时。兼课以与原校所授课目相同者为限，兼课薪金并得由原校具领支配。"

民国时期还规定了教师们晋级的客观标准。如 1917 年 5 月，教育部《全国大学职员任用及薪俸规程》指出，教师的晋级与否"由校长参酌下列各项情形定之：1. 教授成绩；2. 每年实授课时间之多寡；3. 所担任学科之性质；4. 著述及发明；5. 在社会之声望"。

其时，教育部还把对教师的考核同其职称和待遇联系起来。如 1940 年 8 月，教育部公布《大学及独立学院教员资格审查暂行规程》规定："任助教 4 年以上，著有成绩，并有专门著作者，任讲师 3 年以上，著有成绩，并有专门著作者，任副教授 3 年以上，著有成绩，并有重要之著作者，经教育部审查得分别提升为讲师、副教授、教授。"1940 年 9 月，教育部公布并由 1943 年 11 月修正公布《大学及独立学院教员资格审查暂行规程施行细则》也规定："教员服务成绩之审查，审查其教学期间之著作研究或成绩证明书。""执行专门职业者成绩之审查，审查其业务成绩或著作品。"还规定："教授、副教授、讲师、助教，由教育部于审查合格后分别发给证书。""大学及独立学院兼任教员资格之审查手续与专任教员同。""专科学校教员资格之审查，适用本细则。"

民国时期，教育部对教师的考核，教师的教学水平和任课时间是一个重要标准，这表明了民国政府对大学教学的重视。对大学教师的考核有利于保持大学教师队伍的整体教学水平，让教师们专心任教，是对教学自由的一大必要保障。考核与职称、待遇制度的结合有利于激励大学教师们投身于教学和科研的积极性和主动性。因而，大学教师的考核制度是对大学教学自由的一个必要限制，它对于规范教师的教学活动，保持和提高教师的教学水平，坚定教师的教学志向等，都具有十分重要的意义。

第三节　国家控制与教学自由权

一、学术与政治的关系概述

政治和作为知识的政治有着根本的分界。政治与学术具有根本的差异，政治强调规范，学术要求自由；政治维持既存秩序，学术要求不断创新；政治保护集团私利，学术追求人类理想。两者之间难免出现矛盾冲突，学术为政治服务，其结果必然是学术屈从于政治，为政治牺牲学术。

在学术活动之中，一种新知识或新思想被创造出来之前，任何个人或组织都无法预先制定真理标准，这一思想再次证明研究者的学术活动、学术思想以及学术方式需要足够的自由空间。"学术研究必须仅仅遵从学术的原则来评判，学术成果必须仅仅从学术标准来评判；简单地说，人们必须直面学术本身，一切外在的动机固然有其合理的理由，但是在纯学术活动范围之内，他们应当退避三舍。"①

从中世纪大学诞生之初，学术自由是师生组成的行会为捍卫自身利益与外部势力侵犯的斗争中产生的。在此后的发展中，学术自由不断受到来自宗教、政治、经济等外部势力的干涉，而维护自由的追求已经始终不渝地成为学术活动的基本价值。在中国，现代大学自诞生

---

① 韩水法：《大学与学术》，北京大学出版社 2008 年版，第 56 页。

起，就是政府的附属机构，由于缺乏专门的学术研究机构的设置，大学被定位于官僚养成所，学术毫无疑问地演变成为政治的目的和手段。"假如一种学术，只是政治的工具，文明的粉饰，或者为经济所左右，完全为被动的产物，那么这一种学术，就不是真正的学术。因为真正的学术是人类理智和自由精神最高的表现。"① 学术社会中的学问精英们为了获得独立的自由研究环境，需要摆脱对于政府的依附而独立，必须区分学术与政治，将学术的传承和研究作为知识人的天职，拥有学术独立之精神。

正如一位学者所言，"学术独立不是要违抗教令，不遵法纪，放弃国民的职责，而只是要在求学的过程中划分政治和学术的界限。……倘使一个学人把学校用为政治活动的地盘，把学生用为政治势力的工具，把学术用为政治企图的幌子，他这样地把学术当做了政治的附庸，而毁灭了学术的尊严独立。倘使他的心力用于政治活动者，多于他用在学术工作者，他虽未必因此牺牲了学术的独立，但是他已经犯了喧宾夺主的错误，也不足称为一个忠实的学术工作者。"②

马克斯·韦伯对此有精彩的论述。他认为"就教师而言，党派政治不属于课堂，如果教师是从科学研究的角度对待政治，那它就更不属于课堂。因为对实际政治问题所持的意见，与对政治结构和党派地位的科学分析完全是两码事。如果是在公众集会上讲论民主，他无须隐瞒自己的态度；在这种场合，立场鲜明甚至是一个人难以推卸的责任。这里所用的词语，不是科学分析的工具，而是将其他人的政治态度争取过来的手段。……真正的教师会保持警惕，不在讲台上以或明或暗的方式，将任何态度强加于学生。""无论是谁，只要他是一名正直的教师，他的首要职责就是教会他的学生承认"令人不舒服"的事实（指那些相对于他们的党派观点而言不舒服的事实）。对于一

① 贺麟：《学术与政治》，见杨东平编：《大学精神》，辽海出版社 2000 年版，第 142 页。
② 张忠栋等主编：《教育独立与学术自由》，唐山出版社 1999 年版，第 70~71 页。

切党派观点来说，都有些十分令人不舒服的事实⋯⋯如果从事学术教育的人，强迫自己的听众习惯了这样的事情，他所取得的成就便超出了单纯的知识成就。"①

韦伯强调了学术本身的客观性和教师的政治中立性，无疑是正确的，因为学术自由并非教授有无限自由在课堂中做任何事情，或以任何方法去做研究，或是在公众场合声称任何主张；学术自由的关键在于传授真理，追求真理及发表真理。无论是社会科学还是自然科学领域，教师作为知识的传授者，只能传授可以被传授的知识。政治立场不是知识而是信仰，而信仰是不能被传授的，因此，国外在强调学术自由的同时，强调学术对于政治的中立性，强调教师在对学生传授知识时应当保持自己政治上的中立。学者往往是按照自己的偏好进行学术研究和传授知识的。

教学自由与政治具有密切的关系，它对政治的发展也具有促进作用，因此也必须保持教学自由的独立价值。哈佛燕京学社的黄万盛教授曾描述了一段他在法国的见闻："我在法国时，就看到了政府总理巴拉杜面对如何处理法国工人罢工的难题，去大学拜会社会学家阿兰·图汉，求教他的意见和智慧，而不是政治领袖习以为常的巡梭、视察、训话、指示。"② 在半个多世纪之前，贺麟先生就曾一针见血地指出，"学术之独立自由，不惟使学术成为学术，亦且使政治成为政治。因为没有独立自由的学术来支持政治，则政治亦必陷于衰乱枯朽，不成其为政治了。"③ 能否正确处理政治与学术之间的关系，对切实保障教学自由的实现具有重要的作用。我们可以通过观察民国时期学术与政治之间关系的变化对教学自由实现的影响，来管窥这一联系。

---

① ［德］马克斯·韦伯：《学术与政治》，冯克利译，三联书店1998年版，第21、37、39页。

② 黄万盛：《大学理念和人文学》，载《现代大学教育》2007年第1期。

③ 贺麟：《学术与政治》，载杨东平编：《大学精神》，辽海出版社2000年版，第141~149页。

二、民国时期政党政治与教学自由权

民国初期，军阀割据，社会纷争不断，这在客观上为教学自由的开展，提供了一个比较宽松的环境，教学活动很少受到政党的干预。但是好景不长，南京国民政府成立之后，国民党就开始实行"党化"政策，加大了对大学教学的控制。国民党对教学自由的公然干涉受到了当时许多大学师生的抵制和反抗。

南京国民政府成立后，翌年，国民政府教育部建立，大学成为政府的附属机构。政府加强对国立大学的监管首先表现为，若干国立大学的校长均由国民党和国民政府的高官兼任，教育部长蒋梦麟兼任浙江大学校长、铁道部长孙科兼任交通大学校长、工商次长郑洪年兼任暨南大学校长等，党国要人兼任国立大学校长有助于国民党政府更有效地控制大学。① 抗战全面爆发后，国民党战时集权制确立蒋介石为国防最高委员会委员长，统一指挥党政军事务，并在必要时有权"不依平时程序"，以命令处置"党政军一切事务"。此时，蒋介石的独裁统治已经确立。针对教育领域的教育独立思潮，他在第三次全国教育会议上指出："今天我们再不能附和过去误解了许久的教育独立的口号，应该使教育和军事、政治、社会、经济一切事业相贯通。"要求"教育界齐一趋向，集中目标，确确实实为实现三民主义而努力"，反对"各逞所见，各行其是"。② 讲话进一步加强了政府对教育的控制，对学术自由的蔑视。国民政府注重加强对学生的管理，在大学里建立训导制度，推行"训教合一"的导师制。规定导师的任务是：依据训育标准对学生的思想行为严密训导，并详细记载并报告训导处。国民政府加强对教师的管理，规定大学教师的任职资格统一由教育部学术审查委员会审查，合格后发给等级证书，各校依照教育

---

① 杨克瑞、王凤娥编著：《政治权力与大学的发展——国际比较的视角》，中国言实出版社 2007 年版，第 265 页。

② 杨克瑞、王凤娥编著：《政治权力与大学的发展——国际比较的视角》，中国言实出版社 2007 年版，第 268 页。

部审查合格之等级聘任，对广大教师在思想和组织上进行审查和控制，并通过"部聘教授"制度限制教授的讲学自由。① 虽然政府加强对大学的管理，但由于受到民国初期大学办学独立思想的影响，以及一些著名大学的办学历史，此时大学仍然拥有一定的自治权，主要表现为大学校长拥有聘任教师的决定权。

在一党执政的政治体制中，文化教育领域蒋介石推行"一个党、一个主义、一个领袖"的党化教育，将大学教育全部纳入政府的管辖控制之下，革命化教育和党化教育为大学贴上了政治化的标签。1931 年 9 月，国民党中央通过了《三民主义教育实施原则》，将高等教育目标规定为："一、学生应切实理解三民主义的真话，并具有实用科学的智能，俾克实现三民主义之使命。二、学校应发挥学术机关之机能，俾成为文化的中心。三、课程应视国家建设之需要为依归，以收为回储材之效。四、训育应以三民主义为中心，养成德智体群美兼备之人格。五、设备应力求充实，并与课程训育相关联。"

关于大学教育的方针，主张"我们的教育要建筑在国民党的根本政策之上。要把学校的课程重新改组，使与党义不违背，及与教育学和科学相符合，并能发挥党义和实施党的政策"。② 党化教育的主张将大学使命和宗旨定义为，教学和学术研究必须以官方意识形态和执政党的适合意识为出发点，实现大学为国家建设服务的目的。将政党意识形态置于大学学术之上，大学演变为实现三民主义社会理想的政治工具，忽略大学组织自身的特性和目标，规定学术研究应以"国家需要，分别缓急先后"，应依据教育行政机关之命令"以实际问题为对象。"③

1939 年，陈立夫担任教育部长，采取种种措施对大学加强控制，

---

① 苗素莲：《中国大学组织特性历史演变研究》，华东师范大学 2004 年博士论文，第 47 页。
② 宋恩荣、章咸主编：《中华民国教育法规选编 1912—1949》，江苏教育出版社 1990 年版，第 45 页。
③ 宋恩荣、章咸主编：《中华民国教育法规选编 1912—1949》，江苏教育出版社 1990 年版，第 68 页。

146

尤其是要求统一颁布大学科目、统一课程、统一教材、统一考试等。在课程设置上，国民党进一步加强思想专制，大力推行党化教育。1941 年前后，国民党当局要求西南联大担任院长以上职务的教授都必须加入国民党。政府以政党意志控制大学的举措，引起了西南联大教授的抵制。如1940 年，梅贻琦先生转呈教育部文件中指出，"夫大学为最高学府，包罗万象，要当同归而殊途，一致而百虑，岂可刻板文章，勒令以同。""本校承北大、清华、南开三校之旧，一切设施均有成规，行之有年，纵不敢谓极有成绩，亦可谓为当无流弊，似不必轻易更张。"认为只有自由探究，推陈出新，"学术乃可日臻进步也"。① 西南联大的知识分子认为，大学的理想亦是保障学术的自由，国家社会不要干涉，给予探究的自由必然会拥有更大的成就，即拥有学术的辉煌。正是西南联大的知识分子坚持独立之精神，自由之思想，在艰难的环境中，他们严谨治学、科学探索，为中国培养了大批杰出的人才，创造了举世瞩目的学术成就。在混乱的战争年代，西南联大的成就可以归功于联大人热烈地追求真理的精神，强烈的爱国主义情怀，严谨的治学品格，学术自由和教授治校的制度保障学术文化的养成。

按照教育部规定，各大学应设"党义"一课，但许多大学如四川大学"向未开班"。1937 年度，学校增设了这门功课，由各院系各年级共同开班。川大此前未开设此课的原因不详，或者与任鸿隽反对"党化教育"有关。不过，学生对党化教育的积极性并不高。1938 年3 月 7 日，曾省在农学院总理纪念周上就提道："据注册课报告，上周党义钟点，有许多同学均未到班听讲，殊有未合。希望诸位同学自本周起都要一律去上课，不要以为党义一科只记成绩，不计学分，便马虎了事。值此全面抗战，思想统一的时期，凡属国人，均应细心研究党义，秉承总理遗教，努力革命工作，才能得到最后的胜利，望各

---

① 北京大学、清华大学、南开大学、云南师范大学编：《国立西南联合大学史料》第 1 卷，云南教育出版社 1998 年版，第 95 页。

位注意为要!"① 曾省未必真的相信国民党党义能够起到"思想统一"的作用,这番话也不乏冠冕堂皇的成分,但川大从"向未开班"到增设党义一课,其中不乏敷衍教育部与政府的意思。

中国第二历史档案馆馆藏档案《全国大学及专门学校党义教师检定委员会审查科审查报告存根》约 128 份存根,空白若干份,不及格者时见,如民国十八年二月二十七日(1929 年 2 月 27 日)的一份有关河南罗昱华的审查意见是:罗君所呈教材说明书,并未说到三民主义之本身,碍难予以合格。② 另外许多大学党义教师有抄袭者、有内容空洞者、有完全不论及党义者等,并非这些教师不愿意研究学问、授课不认真,而是他们对党义教育反感,对党义教师资格的认定不重视。

由此,可见政党对教学自由控制的过于严苛,是违反学术自身发展规律的,它不仅会对教学自由的实现起到阻碍作用,而且会受到大学师生们的或明或暗的抵制。因此,为了维护国家的长远利益,促进全民族的进步与发展,就必须为教学的发展留下必要的自由空间,让教学按照学术自身的规律来进行。

三、民国时期学术权力与行政权力

通常认为,"学术权力"是指学术人员和学术组织在学术事务方面所具有的权力。"学术权力指的是学术人员和学术组织所拥有和控制的权力,学术权力的主体是学术人员和学术组织,在大学的学术人员包括拥有学术头衔的人诸如教授、副教授、讲师等,大学的学术组织包括决定学术事务的组织诸如学术委员会、教授会等。"③ "学术权力就是根据学术事务、学术活动及学术关系等的特点和规律对其施

---

① 王东杰:《国家与学术的地方互动——四川大学国立化进程(1925—1939)》,三联书店 2005 年版,第 246~247 页。

② 参见《全国大学及专门学校党义教师检定委员会审查科审查报告单存根》,中国第二历史档案馆馆藏档案,全宗号五,案卷号 1560。

③ 卢晓中:《高等教育的学术自由与学术自治——兼论中国高等教育学术权力的提高》,载《有色金属高教研究》2002 年第 2 期。

加影响和干预力量。"① 学术权力包括两个方面：一是决定学术活动内部各方面发展的权力，包括研究项目的筛选，研究人员的确定，研究经费的划拨，研究成果的运用和处置，教学内容的确定，教学方案的决定，受教育者的选定，教学人员的选定，学位的授予，学术职称升迁、撤销的决定等；一是大学和学者作为"学术权威"在社会上所具有的影响力。无论对"学术权力"如何定义，其基本要义是学术人员和学术组织对学术事务拥有的权力。"基于学科组织的大学，学术权力是一种自由而又最广泛的权力，它以对知识占有的优势为权力基础。"②

"以大学为主体，将教育本身的目标及行为作为一个模糊维度，简称学术；而将保障教育行为和效能的非教学科研系统作为另一个维度，简称行政。前者表征教育活动及相关的学术权力，其成员是教师和研究人员，后者表征非教育活动及相关的行政权力，其成员是各级各类机构的管理者（领导和干部）。"③

现代大学面对的行政权力包括大学内的行政权力和大学外部的行政权力。大学的学术权力是为了保证大学的包括学术自由在内的学术权利，同时也是对学术民主和学术公正的一种保护，可以说是大学自身的一种自律措施；大学以外的行政权力，是社会发展政治"力"的体现，对社会发展中的人、财、物发挥着强有力的调节作用，对大学的学术权利既发挥着保护作用，也发挥着"他律"作用。大学的学术权力与大学的行政权力构成一组张力，大学学术权力通过对学术发展规律的揭示和遵守，在大学里为学术发展提供支持；大学行政权力通过对大学资源在不同学科的调配促进大学学术的公正、均衡发展，同时作为大学内的除学术权力外的另一种权力系统，对于防止大

① 张钰：《关于学术权力的界定》，载《高等教育研究》2000 年第 5 期。
② 陈玉琨、戚业国：《论我国高校内部管理的权力机制》，载《高等教育研究》1993 年第 3 期。
③ 董云川：《论大学行政权力的泛化》，载《高等教育研究》2002 年第 2 期。

学学术霸权对大学学术发展的危害发挥作用。

大学学术权力、大学行政权力与社会行政权力又构成一组张力，大学学术权力与大学行政权力共同为自己所在的大学在社会上争取着大学发展所需要的学术资源和学术发展环境，社会行政权力则作为社会管理的代表对大学推动学术繁荣和学术发展起着监督、促进作用，它可以通过建立各种社会性的学术组织，并给其相应的管理授权来实施，也可以通过运用行政管理手段对资源调配来实施。社会行政权力对于推进大学之间的学术民主和学术公正能够发挥重要的作用。对于目前中国的大学来说，因为几千年封建社会传统思想的影响，学术权力被行政权力遮蔽的现象在大学是很明显的，而社会行政权力对大学学术权力和行政权力的遮蔽更是中国大学学术发展所要面对的最严峻课题。民国时期是我国教学自由制度的初兴时期，行政权力与学术权力的碰撞时有发生。

1927 年 8 月，清华学校发生了这样一件事："旧制"学生要求提前出洋，教务长及评议会全体均表示反对。校方将此事上报了外交部，外交部发指令说："提前出洋有违校章，似难照准，但旧制学生程度究竟如何，外部不甚明了，请校长查明呈复。"校长即答复外交部说："高三可入美国大学一年级，高二则否。所以高三可以提前出洋，高二可于明年出洋。"梅贻琦认为这是一种侵权行为："以校长关于学生之程度一层，既未询问教务长，上述之办法更未征求教务长及评议会意见，遽而呈复外部，既易引起误会，于手续尤为不合，因而呈请辞职。全体评议员也以校长如此做法，有违教授治校之精神，故特辞职……"① 此事最终迫使外交部不得不收回成命，校长作了检讨方才罢休。

作为最高政治威权，蒋介石总想在一切领域插手管事，遂其所欲，关于中央研究院院长继任者这件事，他依例"下条子"指定人选。在过往的时代气候里，蒋介石的手令，简直就像是"御旨"，没有多少人敢逆龙鳞、捋虎须、"抗旨"以对。可是，中央研究院评议

---

① 《清华消夏周刊》1927 年第 5 期第 5 页。

会的评议员既不是只晓得"等因奉此"的公务员，也不是蒋介石的直属部下，非得奉命唯谨不可。在学术的世界里，哪里有蒋介石的手令"颐指气使"的空间呢？显然，就像陈寅恪"大发挥其 academic-freedom 说"一般，他咏唱的教学自由的高昂音调，也是其他的评议员共遵同守的信念。蒋介石的手令，在这群读书人看来，无足道焉，根本不是不能忤逆的"圣旨"，更带来了反效果，大家偏偏就不投票给其钦点的顾孟余。他们的作为，确实像傅斯年所言，彻底"表示学界之正气、理想、不屈等义"。当年这些学林前辈实践教学自由的用心，他们展现学术独立的风骨，彰明昭著，作为我们承继的精神遗产，则必将是此后学术世界生生不息的永恒动力。

由此可见，教学自由的维护不仅需要制度上建设，也需要教育学人们自身必须信仰教学自由，成为其忠实的信徒。当教学自由受到国家、宗教等外来因素干涉的时候，教育学人们必须首先站出来，拿起法律武器，利用舆论等主动地同这些丑恶现象作斗争。教学自由权观念的培育与普及，是需要一代代人薪火相传，而不是一蹴而就的。

第五章 现代启示

第一节 历史机遇与教学自由权的发展

一、大学职能多元化与教学自由权独立价值的维系

在人类社会发展的不同历史阶段，大学扮演着不同的社会角色。在农业经济时代，大学主要是人文学者、思想家的摇篮，或者说是"学者的乐园"。在整个农业经济时代，大学对社会的贡献主要是对政治、宗教和文化的学术思想贡献和统治人才的培养。相对而言，大学对经济发展的贡献显得微不足道。人们将此时的大学称为"象牙之塔"，一方面是因为当时的大学是追求高深学问、探索万物真谛、培养社会高雅之士的圣殿，另一方面也反映出大学远离社会经济生产。

以产业革命为分水岭，人类开始了一个崭新的工业经济时代。伴随着近代科学技术知识的发展，机器的发明与应用，西方国家的生产力发展达到了日新月异的地步。在短短不到两个世纪里，西方世界创造了举世瞩目的工业文明。产业革命的顺利开展，使科学作为人类文明不可分割的组成部分的地位得到巩固。于是，大学的社会角色由"学者乐园"变成了"社会服务站"。大学在工业经济时代的角色变迁，集中表现为大学职能的延伸和扩展。在这一时期，大学除了承担高级专门人才培养的职能外，还必须承担发展科学和直接为社会经济发展服务的职能。首先便是人才培养模式的变化。传统大学培养的博雅之士，已难以满足工业化对专门科技人才的需求。于是，在 19 世纪后半叶出现了培养专门科技人才的高等学校，如英国的曼彻斯特大学、伯明翰大学、谢菲尔德大学，德国出现了独立设置的工科大学，如柏林工科大学、汉诺威工科大学等。这些新型大学，都将与工业化

及经济发展直接相关的科学技术知识教育作为重点，不仅为工业化培养了急需的专门科技人才，而且还推动古典大学根据时代发展要求进行教育教学内容的改革。

随着新大学的发展，培养与经济部门联系紧密的专门科技人才成为大学教育中更为重要的目标。其次是科学研究成为大学中与人才培养同等重要甚至更加重要的职能。最后是大学与工业界和经济部门的关系逐步密切。美国于 1862 年颁布实施的《莫里尔法案》，是世界高等教育发展史上的重要里程碑。它通过赠地方式设立直接为地方经济发展服务的赠地学院，或者在州立大学中增设农业和机械方面的系科。事实上，《莫里尔法案》不仅推动了美国大学为经济发展培养大量实用人才，满足了美国工农业迅速发展和人口激增对高等教育的新需求，而且对学术事业的发展作出了重大的贡献。"威斯康星思想"便是这种影响的生动写照。[1]

20 世纪尤其是 20 世纪后半叶，西方发达国家开始进入一个重大的转型时期，即从工业社会向后工业社会（信息社会、知识社会）转变。"以知识为基础的社会既依赖于资本的不断投入和有技术的管理人员和工人的再生产"[2] 伯顿·克拉克的话充分说明以知识为基础的社会对知识和大学的依赖程度大大提高了。与此同时，高等教育从"在社会中的高等教育"转变为"社会的高等教育"（From higher education in society to higher education of soeiety）了，大学的地位与作用也随之改变。美国前总统克林顿和副总统戈尔指出，"美国创造知识的速度以及利用新知识的能力，将决定下一世纪美国在国际市场中的地位。21 世纪的挑战将把保持科学研究和教育的卓越置于最重要的位置"[3]。丹尼尔·贝尔更是把大学列为后工业社会的首要机构，

① 陈彬：《知识经济与大学办学模式改革研究》，华中师范大学出版社 2002 年版，第 22 ~ 28 页。

② ［美］伯顿·R. 克拉克：《高等教育新论——多学科的研究》，王承绪等译，浙江教育出版社 1988 年版，第 45 页。

③ ［美］威廉·J. 克林顿，小阿伯特·戈尔：《科学与国家利益》，曾国屏，王蒲生译，科学技术文献出版社 1999 年版，第 7 页。

"在后工业社会里，大学成了轴心机构"。时至今日，"为更宽泛的社会服务"已成为大学的核心目的。①

伴随着大学理念的发展演变和大学的职能不断拓展，帕森斯认为，高等教育生产四种不同类型的知识：研究（基础研究与信息积累）、教育（人类经验的传递与人格养成）、职业培训（训练职业的实践性知识和职业生活所必需的文凭）、文化发展（对宽泛的社会议题的关注，对抽象价值的追求，批判性的立场与态度）。② 克拉克·科尔也把现代高等教育错综复杂的功能归纳为三类：生产性功能（人才筛选、职业技能培训、研究和服务）、消费性功能（通识教育、校园社团生活、学生管理及现状维持）和公民性功能（社会化、社会评价、补救性教育）。③ 随着大学的日益分化和履行的职能更加多样，大学正变得多姿多样、五花八门。对此，克拉克·科尔在《大学的功用》一书中有一个精彩的比喻："'大学观'是一个居住僧侣的村庄。'现代大学观'是一座城镇——一座由知识分子垄断的工业城镇。'多元化巨型大学观'是一座充满无穷变化的城市。"他认为，今日之大学不再是纽曼心目中的"村庄"，也不再是弗莱克斯纳心目中的"城镇"，而是一个五光十色的"城市"了，他称之为"多元巨型大学"，意指现代大学超越了过去的"单一性"，发展成现在的"多元性"，其蕴涵极为丰富。科尔指出："现代大学是一种'多元的'机构——在若干种意义上的多元：它有若干个目标，不是一个；它有若干个权力中心，不是一个；它为若干种顾客服务，不是一种。它不崇拜一个上帝；它不是单一的、统一的社群；它没有明显固定的顾客。它标志着许多真、善、美的幻想以及许多通向这些幻想的道

　　① 刘云杉：《文化政治认同与技术认同—知识人双重旨趣的历史与现实》，载《北京大学教育评论》2007 年第 2 期。

　　② Gernard Delanty. Challenging Knowledge：the university in Knowledge society. SPHE and Open University Press Imprint，2001：53-54.

　　③ Kerr，C. The Great Transformation in Higher Education 1960-1980. State University of New York Press，1991.

路：它标志着权力的冲突；它标志着为多种市场服务和关心大众。"①

在大学理念的多元化、大学职能的不断拓展的大背景下，对教学自由权独立价值的保持提出了严峻挑战。回顾历史，德国近代大学的建立之际，也面临着类似的挑战。当时德国受到实用主义的影响，主张取消大学，改设技术性学校，单设研究院来专门从事科研工作，实际上是放弃对学生进行"纯粹学问"的教学，而代之以实用性的技术。洪堡提出的将科研与教学相结合，认为教学必须是创新性知识的传授，改变了教学的本质内涵，为教学自由提供了新的价值旨归。既然教学是创新性知识的传授，而不仅仅是对经典知识的传承，那么就必须允许教师们在教学活动中的自由，例如选择学生的自由，课程设置的自由，学位授予自由等。而教学自由的实现，又必须允许教师们具有从事科学研究的自由，因为只有在科研方面具有充分的自由权，才能保障教师们发展出新知识，进而将之传授给学生。洪堡等人，创造性地将教学自由与科研自由结合在一起，为教学自由的存续及实现提供了正当的理由和坚实的保障。

如今，我们所面对的情况比洪堡时期更加复杂。随着大学职能的多元化，如何将这些功能合理地整合起来，为大学最基本的职能——教学找到其自由的空间，成了考验我们的一大难题。现代社会的发展日新月异，人类在以前所未有的速度进步。不得不承认的一点是，政治、经济、文化等的进步，都离不开知识的创新、科技的创新、发展模式的创新等。而这一切创新都要以创新性思维为依托，需要具有开拓精神人才的贡献。创新型人才的培育，必须依靠教学自由的保障。教学自由从根本上说为了更好地服务于社会，是全面实现大学职能的必要条件。这就为教学自由的发展提供了理论依据。

二、中国发展策略转变与教学自由权的发展机遇

随着我国经济的发展，我们要想切实提高中国国际竞争力，就必

① ［美］克拉克·科尔：《大学的功用》，陈学飞等译，江西教育出版社1993年版，第96页。

须实现发展策略的转变。在民族工业发展方面，就必须从模仿型向自主研发型过渡。因为国家发展的基础和决定性因素是技术创新。只有拥有强大的科技创新能力，拥有自主的知识产权，才能进一步提高国家的竞争力，才能在未来严峻的市场竞争中立于不败之地。为此，我们在自主研发中坚定一个信念，即必须把增强自主创新能力作为国家发展战略，贯彻到国民经济发展的各个环节，必须加强技术创新，在关键领域掌握更多的自主知识产权，在科学前沿和高技术领域占有一席之地。

提高自主创新能力，建设创新型国家是提高国际竞争力的重要举措。加入世贸组织后，我国面临的国际环境更加开放，国际竞争更加激烈。许多产业创新能力薄弱、核心技术受制于人的局面，使我们在发展中难以掌握战略主动权。"二战"后，许多国家都在各自不同的起点上探索实现工业化、现代化的道路，美国、日本等发达国家更是把科技创新作为基本发展战略，在世界市场上获得了强劲的竞争优势。美、日等国家研究和开发投入占 GDP 的比重一般都在 2% 以上，科技进步对经济的贡献率多在 70% 以上，对外技术的依存度大多保持在 30% 以下。在国际市场上，对于发展中国家来说，不仅事关国防安全的关键技术难以引进，而且涉及主导产业和装备制造业的尖端技术也难以引进。真正的核心技术是买不来的，我们必须依靠自己的力量建立自主创新的技术研发体系，推动产业技术实现跨越式发展。

多年的实践证明，没有技术创新就没有产品更新，国家就很难在竞争中占据领先的位置。在这方面，我们要舍得在人力、物力、精力、财力等方面投入，敢冒风险，重用人才，以适销对路的优质产品去适应市场，进而创造市场，引导市场。谁拥有科技优势，谁就拥有更强的竞争力，谁就会赢得加快发展的主动权。一个国家的科技自主创新能力日益成为其综合实力强弱的决定性因素。

以胡锦涛同志为总书记的党中央以科学发展观为指导，准确把握我国经济社会发展现状、世界科技发展趋势，着眼于全面推进中国特色社会主义事业而作出了"着力提高自主创新能力，建设创新型国家"的重大战略部署。建设创新型国家，就是要把科技创新作为经济社会发展的首要推动力量，把提高自主创新能力作为调整经济结构、转变增长方式、提高国家竞争力的中心环节，依靠科技创新实现经济社会持续协调发展。

科技创新就必须培养创新型人才，这是建设创新型国家的关键。建设创新型国家的关键是提高自主创新能力，而提高自主创新能力的关键是人才。人才资源是第一资源，这就要求我们必须转变资源开发观念，由注重开发自然资源转向注重开发人力资源。正由于人才资源是第一资源，围绕着创新型科技人才展开的争夺，越来越成为国际竞争的焦点，挖掘人才已成为日益激烈的全球争夺战。越是素质好、层次高、专业成就突出的专门人才，国际流动的频率越高，各国的争夺也就越激烈。目前，发达国家普遍加大了在全世界搜寻、吸引、利用人才的力度。全球范围的人才争夺，要求我们必须以国际化的眼光来培养人才、吸引人才、留住人才、使用人才，营造良好的体制、机制和社会环境，使创新人才能够脱颖而出，充分发挥作用。创新是多层次的，包括科研院所进行的原始性创新、企业进行的技术创新和广大工人农民开展的群众性创新。因而，创新型人才也是多方面的，蕴藏在社会的各个领域、各个层次。

其中我们尤其要重视对本国创新型人才的培养，只有这样，才能保障创新型人才培养源源不断，为我国科技创新提供最强大的智力支持。而创新型人才的培育离不开大学教学自由权。因为，只有保障了教学的自由，教师们才能将创新性的知识研究出来，才有条件和权利传授给学生，也就是说教师教学的自由是学生思维自由、自由学习的前提和重要保障。如果教师教学失去了自由，那么学生学习的内容，也将是千篇一律，大学培育出的人才也只能是模板化，创新型人才自然无法产生。因此，教学自由制度的建构既是学术创新的基础，也是这种自由得到社会实现的重要保障。没有教学自由权，就没有科技和学术的知识创新，那么经济的进步和发展最终也只有昙花一现。

第二节 加强教学自由权意识的培养

一、大学教师学术理性的培养

追求真知是学术研究的目的，而围绕真理探究而引发的学者的学术理性是指，学者拥有追求真知的探索精神、验证知识的批判责任以及保障学术传承的使命。维布伦曾说，探讨深奥的实际知识是学术事业不证自明的目的，学术研究者需要具备追求真知的探索精神，为科学而科学的志向与热情。科学研究是一项极其神圣、艰巨而又可能具有一定冒险性的事业，如果研究者不能怀着热情去体验科学，不具备独特的为学术而学术的迷狂，也就无所谓学术的志向，也不可能取得瞩目的成就。同时，学者还需具备为科学而献身的精神，如果一个学者"不是发自内心地献身于学科，献身于使他自己所服务的主题而达到高贵与尊严的学科，则他必定会受到败坏和贬低"。① 学者只有坚持"为科学而科学"的目标，绝不能仅仅为了商业或技术上可能的成功，甚至个人的感情和利益为其研究动机，科学的献身精神要求学者真诚地面对事实，在理智上追求越来越精细的理论验证。学术研究者的学术理性除了追求真理，发现和创新知识之外，还具有验证知识的批判责任。验证知识是指学者对于研究中所获得的数据和结果进行反复论证和试验的行为。真理的获得和知识的创新具有长期性和曲折性，为了保证真理的正确和准确，反复的科学验证是十分必要的，费希特曾说，"所有的人都有真理感，当然，仅仅有真理感还不够，它还必须予以阐明、检验和澄清，而这正是学者的任务"。②

"批判是一种独立的怀疑精神，它不承认任何绝对、永恒、神圣

---

① ［德］马克斯·韦伯：《学术与政治》，冯克利译，三联书店1998年版，第27页。

② ［德］费希特：《论学者的使命人的使命》，梁志学沈真译，商务印书馆1984年版，第43页。

的东西，它总是对观念、事物以及人们的行为进行反思，发出疑问，进行深入的考察和分析。"① 科学批判是指，在一定的科学理论的指导下，学术研究者对于学术成果保持独立的判断精神。密尔认为科学真理是通过公开讨论和批判后的意见，即使人类中最聪明的人，最有资格信任自己判断的人们也需要将自己的意见放到公众面前接受批判和审核。只有这样，真理的获得，科学的进步，人类的发展才能成为可能。

学术研究者还担当着本学科发展的责任，研究者始终保持不断进取的创新精神，推动本学科的发展和完善，不仅为学科的发展提供可靠的知识，而且保证学科或专业知识的延续，为学科建设和学术研究提供知识认同和身份认同。保证学术的传承，也就是保证人类智慧和科学进步的传承。具体来说，我们要做到：

1. 培养崇善的学术意识

很长一段时间内，在科学家看来，"知识是中立的，如果一项新发现造成了令人不快的后果，这不应该是研究者的责任，而应该由那些故意用不恰当的方法应用新技术的政府官员和公司经理负责"。②然而，这种传统的观点随着原子弹的爆炸而动摇了。事实上，原子弹爆炸以及遗传工程方面的突破性发展，已经证明学术自由为价值中立付出的代价太高，既放弃了判断，也放弃了人类的利益，学术或科学无法逃脱伦理道德的质问。"学术伦理的问题不可避免地要从根本上问：学术（或科学）之终极功能为何？如果科学（学术）之发展应该是为了人类之福祉，那么学术活动应不止为满足科学家知识的好奇心，甚至也不应该以发明为目的之本身为已足。"③ 正如莱斯泽克·克拉克瓦斯基所说，大学的主要任务是"教授并传播不仅仅能

---

① 周玲、谢安邦：《大学与知识分子的历史使命与社会责任》，载《现代大学教育》2006 年第 2 期。

② ［美］德里·博克：《走出象牙塔——现代大学的社会责任》，徐小洲、陈军译，浙江教育出版社 2001 年版，第 196 页。

③ D. Macrae Jr. The social Function of Social Science. New Haven：Yale University Press. 转引自金耀基：《大学之理念》，三联书店 2001 年版，第 185 页。

够在科学事务中应用，而且能够在所有包括政治的社会生活领域中应用的某些价值。这些价值包括公正的判断、宽容、批判以及对逻辑规则的遵从"。①

从学术活动的合理性基础出发，知识和真理不仅涉及认识论的问题，而且还涉及价值论和政治论的问题，学术探究以"求真"为目的的追求，无法脱离学者自身的价值选择和价值判断，总是受到学者自身品格的约束，因此，学术自由的理念不仅体现为对真知的追求，而且体现为知识分子对于人类发展和幸福的终极关怀。无论是自然科学家还是社会科学家都被认为应当对自己的学术研究方法和成果担负责任。当科学研究的成果涉及人类生存、自然生态、人性尊严的危害的时候，学术的自由也同时呼吁学者从人类社会的终极关怀出发，自觉承担自我伦理道德的监护人。任何一个学术研究者都不能够仅仅以满足自己的求知欲望为唯一目标，而要注重研究自由对学术本身的责任及伦理要求，研究者的道德良心是非常重要的，他反映一个人的学术操守和为学之道。"它是一种在这种场合自我发挥作用的一种更为强大的力量，一种更为有力的动机。它是理性、道义、良心、心中的那个居民、内心的那个人、判断我们行为的伟大的法官和仲裁人。"②"只有在请教内心这个法官，我们才能真正看清楚与己有关的事情"，③ 在自由的研究领域承担应有的道德责任。

2. 坚守道德自律的学术要求

关于道德自律，古希腊哲学家亚里士多德认为，伦理道德是以自身的至善为目的的学问，为了获得自由和幸福，人必须从符合人类自

---

① Leszek Kolakowski. "Neutrality and Academic values", in Neutrality and Impartitiality, ed. Alan Montefiore. Cambridge Unversity Press, 1975：76. 转引自 [英] 安东尼·阿巴拉斯特：《西方自由主义的兴衰》，曹海军译，吉林人民出版社 2004 年版，第 31 页。

② [英] 亚当·斯密：《道德情操论》，蒋自强等译，商务印书馆 1997 年版，第 165 页。

③ [英] 亚当·斯密：《道德情操论》，蒋自强等译，商务印书馆 1997 年版，第 163 页。

身的善的德行出发，在社会实践规范中自主地自我立法、自我约束。德国哲学家康德从论辩道德价值的根据是在人自身还是在人之外，系统论述了他的伦理学术语"自律"。所谓"自律"是指道德意志受制于道德主体的理性命令，"在他立法时是不服从异己意志的"，① 是主体的自我立法。"道德就是行为对意志自律的关系，也就是，通过准则对可能的普遍立法的关系，合乎意志自律性的行为，是许可的，不合乎意志自律性的行为，是不许可的。其准则和自律规律必然符合的意志，是神圣的、彻底善良的意志。"② 也就是说道德价值的根据在于人自身，在于善良意志，在于遵循绝对命令的善良意志。在康德的理论中，他律即是道德行为受制于理性之外的其他因素，例如神的意志，环境或社会的权威以及感性欲望等，而在他看来这样的行为是有悖于道德的纯粹性、人的自主性和尊严的，他坚持自律，排斥他律。后来，马克思在康德的理论基础上，从人类精神而不是个体精神的基础上谈论了道德自律，他认为道德的基础是人类精神的自律，这种人类精神的基础和内容是，个别人的私人利益应当符合全人类的共同利益。因此，马克思所强调的自律精神不仅仅是个人的道德意志，而是在对外部世界规律的认识的基础上，通过实践形成了自我认识，这种认识将主体的行为限定在规律性的范围之内。可见，道德自律不仅是主体的克制和约束，还是来源于自然，社会客观要求基础之上的律己。因此，所谓道德自律，是指道德主体在社会实践中为了实现自身的自由而自觉地内化并遵循社会道德规范所形成的自我立法。任何的外在的社会性他律形式，只有通过道德个体的自律，才能最终内化在人们的心中，成为个体的自觉自主的行动。道德自律建设是相对于制度伦理等外在约束而言，是一种更高层次的道德建设任务，只要人还没有形成内在的德性，还没有成为真正的自由的道德主体，有关道

---

① ［德］康德：《道德形而上学原理》，苗力田译，上海人民出版社 1986 年版，第 86 页。

② ［德］康德：《道德形而上学原理》，苗力田译，上海人民出版社 1986 年版，第 93 页。

德的伦理制度的意义也是不完全的。

二、大学校长教育家精神的培育

教学自由权制度的初创时期，最需有好的设计者，这一点，可以说是中国现代大学的幸运。制度的设计在于理念，在于对国家进步的强烈感情，在于对世界文明的诚意。中国早期大学制度的设计者们可以说都是具有这样品格的人。有了好人，才能有好制度，才能有好大学。可以这样说，中国早期大学制度设计得是非常好的，是一个一开始就具有世界胸怀的制度。① 这也说明了在大学制度的建设方面，大学校长起着重要而积极的作用。大学校长的人格力量所形成的"人治"与制度建设所形成的"法治"相配合，两者作用互补，兼容并包。正如陈平原教授在谈"制度性的'兼容并包'"时所说："作为大学校长，蔡、梅二君都深知，能否'兼容并包'，对于大学来说，'生死攸关'。所谓吸引大师，所谓专深学术，所谓独立思考，没有制度性的'兼容并包'作为后盾，根本无法实现。"②

一个具有现代教育家精神的大学校长，对一个大学的现代化建设，教学自由的实现等都具有十分重要的作用。民国时期就出现了很多专注于办学的极具教育家的大学校长。如无心官场的著名复旦大学创始人之一李登辉，1912 年主掌复旦大学直到 1937 年抗日战争爆发，长达 25 年之久。南京国民政府成立后，曾一度邀请他做教育部部长，他却坚持不就，被誉为"做大事不做大官"之人。陈时担任武昌中华大学校长长达 40 年，可以与哈佛大学的第 21 任校长艾略特媲美了。吴鼎新于 1928 年担任广东国民大学校长 21 年，直到新中国成立前夕。厦门大学校长林文庆担任校长也达 16 年，直到 1937 年改为国立。张伯苓作为著名的南开大学创始人之一，担任校长长达 30 年之久。1926 年，颜惠庆博士邀请他出任教育总长；同年，张学良

---

① 参见谢泳：《中国现代大学的"制度设计"》，载《科学中国人》2003年第 6 期。

② 陈平原：《中国大学十讲》，复旦大学出版社 2002 年版，第 43 页。

邀请他做天津市的市长，他均以有约"终生办教育，不做官"而婉言谢绝了。

民国时期大学校长之所以能专心于大学教育，与他们对大学教学目的与宗旨的认识密切相关。例如蔡元培在北大开学典礼上，向北大师生阐明了大学教学的目的："果欲达其做官发财之目的，则北京不少专门学校，入法科者尽可肄业法律学堂，入商科者亦可投考商业学校，又何必来此大学？所以诸君须抱定宗旨，为求学而来。入法科者，非为做官；入商科者，非为致富。宗旨既定，自趋正轨。"①

胡适在 1920 年北大开学典礼上所做的《提高和普及》的演说中，呼吁北大同仁应从"传播"回到"提高"的研究上下工夫。"若有人骂北大不活动，不要管他；若有人骂北大不热心，不要管他。但是若有人说北大的程度不高，学生的学问不好，学风不好，那才是真正的耻辱！我希望诸位要洗刷了它。我不希望北大来做那浅薄的'普及'运动，我希望北大的同人一齐用全力向'提高'这方面做工夫。要创造文化、学术及思想，唯有真提高才能真普及。"② 在 1921 年北大的开学典礼上仍然强调北大要在"提高"上做文章。他特别提到，人家骂我们是学阀，其实"学阀"有何妨？"我想要做学阀，必须造成像军阀、财阀一样的可怕的有用的势力，能在人民的思想上产生重大的影响；如其仅仅是做学阀是无用的。所以一方面要做蔡校长所说有为知识而求知识的精神，一方面又要成为有实力的为中国造历史、为文化开新纪元的学阀，这才真是我们理想的目的。"③

"为中国造历史、为文化开新纪元的学阀"，不难发现胡适寄希望于学术振兴的拳拳之心，也反映了它保持教育独立的精神追求与信

---

① 蔡元培：《就任北京大学校长之演说》，选自中国蔡元培研究会编：《蔡元培全集·第 3 卷》，浙江教育出版社 1997 年版，第 8~9 页。

② 胡适：《提高与普及》，见《胡适全集·第 20 卷》，安徽教育出版社 2003 年版，第 70 页。

③ 胡适：《在北大开学典礼会上的讲话》，见《胡适全集·第 20 卷》，安徽教育出版社 2003 年版，第 73 页。

仰。正是由于大学校长们心中具有这种教育独立的信仰，这使得他们在办学的过程中，能自觉地为维护教学自由尽心尽力。现在我们的大学校长也必须培养这种教育家精神，具体说来就是要做到：

第一，大学校长应具备大学教育理念思想。相对于其他组织的各种领导活动，大学校长治校其特殊性就来源于大学组织与其他社会组织之间的内在差异。不管从什么视角去考察大学区别于其他组织的特殊性，有一个最基本的特性是永恒的，那就是：大学从一开始就是一个为社会的发展、为人类的不断繁衍而传递知识、培养人才的机构。这样一类机构的性质，决定了大学活动的最恒定特征——教育活动。

所以，在考察大学校长治校的基本结构的时候，首先进入视界的就是大学校长应该对大学最基本活动有一个什么样的理性认识，形成什么样的教育思想来指导自己的治校活动。这样，大学校长治校的第一个要素就是大学校长的教育思想。大学校长的教育思想主要是关于大学基本活动或使命的理性认识，是指导大学校长治校的核心动力，因而也是大学校长治校的灵魂所在。在治校过程中主要发挥导向、规范作用，解决大学发展中带根本性的"治什么"的问题。大学校长的教育思想既可以得益于各个时代的教育家、杰出的大学校长经过实践证明的、符合高等教育发展规律的教育思想，也可以是在自身治校实践中不断把治校实践经验进行升华、提炼、凝结成为系统的理性认识，形成符合自身实际需要的教育思想，开创治校新局面，进而开创高等教育新局面。创见型大学校长往往总是不拘泥于既有的教育思想，常常是在治校实践中与时俱进地提出自己的独到见解，并在这样的独到见解的指导下获得独到的治校成果。

第二，大学校长必须是一位卓越的管理者。大学校长仅仅具有大学教育思想还不够。这是因为他不但是一位教育工作者，而且对于大学内部的其他活动者来说，他更是一个管理者、一位领导人。所以，大学校长除了对大学教育活动具有正确的思想之外，还必须对大学组织特征有一定见地，应该具备一定的管理思想。大学作为一个社会组织机构，与其他组织一样，需要计划、组织、协调和控制。尤其是随

164

着大学组织的日益复杂和多元，大学校长所面临的组织管理任务更加突出，要求大学校长必须树立正确的管理大学的系统认识。因此，管理思想也是大学校长治校所必备的要素。大学校长的管理思想主要是关于大学作为一个有机社会组织有效运行的基本认识，直接关系到大学校长治校实践过程中如何管理、指挥大学组织机体，以便能够把教育思想通过管理的方式形成治校的实际成就。

另外，世界高等教育经历了一个大发展时期，出现了克拉克·克尔所言的多元巨型大学，办学主体多元化，办学形式多样化，大学之间的竞争日趋激烈，大学所面临的需求主体多样化，社会各方面对大学要求越来越多越来越复杂。大学成为规模庞大、人员众多、机构复杂、耗资巨大的庞然大物。大学的功能已经扩展到学术、社会、经济、政治等更为广泛的领域。大学组织内部与外部环境及其机构的复杂化，要求大学的管理专业化，更具有企业化的特征。这种组织机构的变化对大学校长提出新的期望。要求校长不仅解决校内的事务，更要处理学校外面的事情，善于搞好学校与社会、市场的关系。要求校长具有经营的头脑，强烈的经营意识和良好的社交能力，运用企业家所采用的方法管理大学，而且成为善于从事"外交"的社会活动家。这些都要求校长必须是一位卓越的管理者。

第三，大学校长必须具备高超的领导艺术。大学校长作为大学的领导者，具有正确的教育思想和管理思想是必要的，但是否具有把这些思想转化为治校成果的领导艺术也同样重要。也就是说，大学校长治校构成的要素中必然包括领导艺术。领导艺术是大学校长治校实践中反映出来的处理各种关系、平衡各种矛盾的基本态度和方式方法。要把大学校长关于教育活动、管理活动的理性认识有效地化作具体的实践成果，在很大程度上还与大学校长是否具有高超领导艺术相关联。领导艺术是大学校长治校中表现出来的特有个性化魅力的具体表现，也是大学校长制胜的法宝，在大学校长治校思想和具体实践之间起重要的润滑、弥合作用，主要解决大学校长治校的效果问题，或者说，治校思想转化为治校成果的效率问题。只有有了这种特殊的润滑作用，大学校长的治校思想与实践之间才不至于相互冲突，才会使得思想与实践之间既存在合理的间歇，又不至于发生无谓地摩擦，才会使大学校长的治校活动始终处于良好的运转状态。大学校长的领导艺术主要来源于大学校长长期治校实践的锻炼与总结，是一种非常个性化、艺术化的过程。大学校长是否具备优秀的领导艺术，具备什么样的领导艺术，直接关联到治校的效率与效益，也是大学校长之间差异性的重要标志。

所以，大学校长治校实际上就是在一定环境条件之中，在一定教育思想和管理思想指导下，经过一定的领导艺术的作用，把教育思想和管理思想不断转化为治校成果的实践过程。大学校长的教育思想、管理思想和领导艺术相互影响，共同作用。

三、教育学人自由教育观念的树立

在不同历史时期，大学知识分子总是以不同方式参与政治活动。在此，我们选取学院知识分子的"政治身份认同"和课堂上的"政治教育"两方面，来分析学术与政治的关系。前文曾提及新中国成立后我国知识分子顺应思想改造潮流的大势，一方面政治对社会生活的影响如此之大，让知识分子无处遁形；另一方面，知识分子的学术良知和社会公正感，仍然让他们难以完全割舍对政治社会的关注。许美德教授认为，今天中国学者信奉的学术自由的理由，与蔡元培时代并不完全相同。中国传统向来将知识看做综合的整体，强调"行"。除此之外，还讲究学术权威和知识分子参政。而西方历史上的学术自由，意味着理论知识的中立和与政治的分离。因此中国知识分子寻求的是一种折中的自由，既可以参与国家政事，又可以对政治进行批评和监督。① 但是在崇尚权力的社会里，知识分子介入政治生活的分寸不好把握。知识分子和政治家都是在独立的领域里长期规训、内化而造就的，彼此的切换绝非易事。虽有见角色转化自如者，但依然有"不伦不类"、"动机不纯"之感。从历史上看，知识分子的政治人角

---

① ［加］许美德：《中国大学——一个文化冲突的世纪》，教育科学出版社2000 年版，第176 页。

色通常以悲剧或困惑而结束。知识分子改造得彻底如金岳霖者，晚年道出了自己的彷徨："（我）最好不加入党不加入盟。我有时有这个看法，认为这是自知之明。我这个搞抽象思想的人确实不宜搞'政治'。在解放前，我没有搞过什么'政治'，那时我似乎有自知之明。我在解放后是不是失去了这个自知之明呢？"① 法国雷蒙·阿隆认为，知识分子总是为无力改变事件的进程而感到痛苦，其实他们低估了自己的影响力，从长时段的角度来看，政治家总是学者和作家的信徒。② 根据西克尔的观点，在美国社会中，企业的目的是取得利润，政治活动的目的是掌握权力，而大学，与福特基金会、布鲁金斯学会、对外关系委员会、经济发展委员会、《纽约时报》等机构一样，都是属于"谋求公正无私和提高公众道德"的一种"权势集团"（establishment）。③

由此推论，大学知识分子的主要"政治任务"是研究和讨论政府和政策问题，而参与政治活动将违背大学的中立性质。但是不管怎样，包括大学在内的权势集团还是难免遭到各方面的攻击：平民主义者攻击它奉行精英人物掌权论，而保守分子则攻击它属于自由派。问题的关键是：大学参与政治的动机和方式如何？在此，我们暂时将视线转移到曾经作为新中国大学模板的苏联，也许我们可以从中窥见（大学）知识分子的某些特征，特别是他们与民众、权力之间的关系方面。传统的俄罗斯知识分子接受过西方文明的教育，却生活在远离西方生活的专制国家。十月革命后，绝大部分革命前的知识分子反抗新政权，一些大学里的知识分子宣布罢课以示抗议。

但是，另一方面，具有大学文凭的知识分子还是源源不断地进入政权。20 世纪 60 年代开始出现了公开反对苏联政权的"持不同政见

① 胡金平：《学术与政治之间的角色闲顿——大学教师的社会学研究》，南京师范大学出版社 2005 年版，第 225 页。

② 转引自庞振超：《建国后五十年中国大学人文学科的变革》，知识产权出版社 2008 年版，第 274 页。

③ ［美］伦纳德·西尔克、马克·西尔克：《美国的权势集团》，金君晖等译，商务印书馆 1994 年版，第 18 页。

者"。80 年代中期，随着戈尔巴乔夫的"新思维"的兴起，知识分子与权力部门之间紧张对峙的局面开始松弛，大批知识分子成为"有机知识分子"，开始进入政权结构高层，最终形成了一股瓦解苏联政权的力量。历史上，虽然俄罗斯知识分子与政权具有或依赖、或对立的关系，但是都体现为对权力的追逐。俄罗斯学者瓦·梅茹耶夫在分析知识分子与民主问题时指出，"进入政权"的知识分子经常显得比他所取代的人坏得多，他取得政权后，便试图将社会变成自己思想的试验田，并且不考虑社会对这种思想是否有准备……在 20 世纪，不是贵族和官吏，而是最激进、革命化的一部分知识分子，在精神奴役、思想压迫方面，形成了史无前例的、远远超过中世纪教会政权的新喉舌。瓦·梅茹耶夫进一步指出，俄罗斯知识分子是分裂的……知识分子自己的观点、喜恶，不是用在科学、文化和教育工作上，而是用在与政权机构的政治对抗上。① 联想到中国的情形，历次政治运动也都有知识分子参与和发动的事例，其结果对知识界本身和整个社会都是灾难，其教训值得我们反思。美国社会学者杰弗里·戈德法布为我们区分了知识分子参与意识形态和参与政治之间的区别。② 政治被理解为更多地涉及信念，较少地涉及真理。没有人幻想正确理解历史就能自然而然地解决迫切的政治和社会问题。知识分子介入的目的就是引导公众辩论政策的制定……政治问题不是在知识分子提出理论上的答案之后就会得到解决的，而是要通过凌乱交错的政治冲突、相互让步和取得一致意见来解决的。观点和利益被认为没有必然的相互关联。马克斯·韦伯也同意，在大学课堂里，政治立场与对政治组织和政党立场进行科学分析是两回事。韦伯指出："在面对听众的讲堂上，学生只有沉默，而教师只顾讲……不是恪尽职守，让听课的人从自己的知识和学术经验中受益，而是用个人的政治立场来塑造学生，

---

① 转引自张男星：《俄罗斯高等教育体制变革》，吉林教育出版社 2002 年版，第 181-182 页。
② ［美］杰弗里·戈德法布：《"民主"社会中的知识分子》，杨信彰、周恒译，辽宁教育出版社 2002 年版，第 18～19 页。

我以为是不负责的。"①

但是无论是选择自由主义立场，抑或是"左派"立场，在大学现实情形下，教学过程必然兼具学术自由和学术责任的双重要求。现在，大学教师已经拥有了政治信仰的自由，但普遍的校园文化还是可以折射出特定历史时期学校内的政治倾向。斯坦利·罗思曼等人针对美国大学教师的全国性调查显示，超过72%的人拥有自由主义或者左派的核心观点，而只有15%的人拥有保守派观点。特别是从1980年以来，学术界的舆论稳定地往左派方向移动，受60年代思潮影响的人开始控制学术界的大权。在政治观点与学术问题密切相关的人文和社会科学领域，观点的分布更是向左派倾斜。和从前的教授不同，许多现在的大学老师相信，自己有责任在课堂教学中宣传政治观点。因此，名牌大学的学生报告说，他们在人文社会科学课程学习中不断受到政治宣传的轰炸。调查发现，大学教师中民主党党员占总数的一半，而共和党党员的比例只有11%，这是可以理解的——因为推动大学的多元化意识形态正是民主党的核心观念。②

在中国，据统计，目前高校专任教师中，中国共产党员的比例为46.21%，90%的民办高校建立了党组织。③ 但与美国大学不同，我们并没有发现政治认同与我国特定的校园文化之间的关系，比如，我们不能判定，党员越多的地方，学术气氛就一定更开放或更保守。政治信仰体现为独立于校园生活的一套行为准则。改革开放以后，中国大学里"政治挂帅"的疯狂在逐步消退中。课堂上教师有更多的言论自由，学术观点更加多元了。人文社会科学研究中的"政治禁区"也越来越少。但是少禁区的有利条件并不意味着大学里的人们拥有更广博的知识和更开放的思想，更不意味着大学里的人们养成了理性交

① ［德］马克斯·韦伯：《入世修行：马克斯·韦伯脱魔世界理性集》，王容芬、陈维刚译，陕西师范大学出版社2003年版，第34～36页。

② 詹姆斯·皮尔森著：《左派大学》，吴万伟译，http：//www. xschina. org/show. php? id=8018.

③ 堵力：《九成民办高校建立起党组织》，http：//cpc. people. com. cn/GB/64093/64100/5222562html.

流学术观点的习惯。

第三节　加强教学自由权的制度建设

一、加强私立（民办）大学的建设，促进教学自由的实现

中国是一个具有优良的教育传统的国家，从古代的私人讲学到现代的大学可以举出无数的实例。中国本来就有私人办学的传统，从很好的私立大学到优秀的民间教育家，如南开大学、厦门大学、复旦大学、光华大学等，在当年都是完全可以和国立大学比肩的私立大学，它们都是综合大学、具有非常优良的人文传统，它们的校长张伯苓、林文庆、马相伯、张寿镛先生，那是永远让人怀念的教育家。胡适在《谈谈大学》的演讲中曾说过："记得二十余年前，中日战事没有发生时，从北平到广东、从上海到成都，差不多有一百多所的公私立大学，当时每一个大学的师生都在埋头研究，假如没有日本的侵略，敢说我国在今日世界的学术境域中，一定占着一席重要的地位，可惜过去的一点传统现在全毁了。"胡适还认为私立大学有其优点，就是它"比较自由，更少限制"。如果一所私立大学有独立自由的传统，它的前途也就很让人有信心。中国民间和海外有很多对中华民族教育富有热情的人，他们投资教育的实力也非常强大，如果管教育的人能在今后扩大招生的基础上再把眼光放远些，重振私立大学，并在政策上有所倾斜，那我们的教育就会让人有全新的感觉。

要做到这一点，重要的是办大学的人要有这样的理念：教育的最终检验是社会的认可，如果一所私立大学它的教育质量得不到社会的认可，那么它自然就没有生源，没有生源，它就维持不下去，自然就要关门。

中国当代民办高校的快速发展已成为历史的必然。一方面，我国目前高考录取率虽然已接近50%，但是仍然有大量的高中毕业生无法进入普通高校学习。2005年全国共有867万考生参加高考，录取新生504万，有363万考生被拒之高校门外。倘若从我国适龄人口接

受高等教育的现实看，渴望接受高等教育的人还远远不止这些。根据统计，连续扩招后我国高等教育毛入学率也不过 15%，而世界银行 1994 年报告，经合组织各国高等教育平均毛入学率已达到 51%，加快我国高等教育的大众化进程是时代发展的要求。

另一方面，以精英教育为主的普通高校只是高等教育大众化的一个组成部分，实现高等教育的大众化不仅仅需要精英型高等教育机构，更需要以市场为导向、专业设置与学制灵活的民办高等教育机构。预计民办高校每年录取将增加 60 万~80 万人，预计 5 年内，民办高校总数将超过 2000 所，占学校总数的 60% 以上，校均规模增加到 2500 人左右；同时，具有颁发学历资格的民办高校将会有更加快速的发展，预计将突破 500 所。①

在这样广阔的发展前景面前，民办高校的办学者更应该博取众家之长，抓住机遇，迎接挑战。就学习近代私立大学发展经验这一层面上，笔者认为，民办高校的办学者应该把发扬艰苦创业的办学精神，加强学校内部管理，制定紧贴市场需求的办学目标，提升民办高校的市场竞争力放在首位，同时，国家也应该在立法和财政上给予扶持，为民办高校的发展创设更好的外部环境。

二、加强对教学自由、大学自治的权利救济建设

(一) 国外教学自由权利救济制度

司法保障是最有效、最常用的保障手段。由于世界各国均把大学自治定位为宪法权利，故大学自治的司法保障只能根据宪法的规定，通过宪法诉讼途径予以实现。

在美国，侵犯大学自治是以"违宪审查"进行保障的。如 1924 年 State Board of Agriculture v. State Administrative Board 一案中，该案起因于密歇根的农业委员会（State Board of Agriculture）（依密歇根州宪法规定也是密歇根州农机学院的董事会）迫使该州行政委员会

---

① 参见刘莉莉：《民办高等教育规模发展研究》，载《复旦教育论坛》2003 年第 2 期。

(the Michigan State Administrative Board)给予为该学院农机扩展计划而立法拨付的款项。但是,立法者企图使行政委员会取得对该学院的拨款的全面监察和控制,却被法院视为是违宪地侵犯该学院董事会的权力。在法院的判决中,多数法官认为,立法者所附加的条件,违反了宪法赋予董事会的权力,不能用来否定该董事会对拨款的控制与管理。因而,此一赋予行政委员会监察和控制权的条件,遂被宣告为违宪,但是给予该学院的拨款依然维持。①

在德国,对大学自治的司法保障是通过宪法诉讼进行的。最典型的案例是 1973 年对 Nicder-sachsen 邦临时大学法违宪的判决。宪法法院认为:"国家必须通过人事上、财政上与组织上之措施,来促进并资助对自由的学术之照顾⋯⋯亦即对于自由之学术活动提供使其发挥功能之制度⋯⋯在以公共措施建立与维护的学术活动领域,亦即给付行政之领域中,国家必须以适当之组织上措施来关切:在不侵害自由的学术活动之基本权利的程度内,如何顾虑到学术制度之其他法定任务以及不同之参与人的基本权利,而能促进此一基本权利。由此可以得出,在参与公共之学术领域中,学术活动之核心范围,必须保留给个别基本权利主体来自我决定。"②

有些国家认为,大学自治不仅是宪法层面的基本权利,而且通过教育法律体系,具体化为行政法上的基本权利。因此,大学自治除进行宪法诉讼外,还可以通过行政诉讼的形式进行。德国、法国、日本等均有大学自治行政诉讼的案例。在行政诉讼中,公立大学是以公法人或公务法人的身份参与诉讼。如在法国,教育是公益事业,大学是公务法人,故涉及大学自治的诉讼案件均由行政法院受理。

(二)我国教学自由权利救济概述与改善

在我国,大学传统上是政府的附属机构,大学没有自治的权力。但自《高等教育法》颁布之后,明确了大学的法人地位,大学拥有

---

① 参见周志宏:《学术自由与大学法》,蔚理法律出版社 1989 年版,第 114 页。

② 周志宏:《学术自由与大学法》,蔚理法律出版社 1989 年版,第 54 页。

了办学自主权。然而，我国没有宪法诉讼制度，故无法通过宪法诉讼保护大学的自治权力。又由于我国公法人制度的缺失，故也不能通过行政诉讼保护大学自治。因此，要维护我国大学自治的权力，不但要加强立法，而且要建立包括宪法诉讼制度、公法人制度在内的一整套法律保障体系。

值得一提的是，大学自治要受到国家主管机构的合法性监督。而且除了前面提到的一般监督方法之外，国家监督大学的主要方法是：推荐校长人选，进行审计监督以及大学章程的审查和批准等。民国时期，大学教学自由权受到侵害，由于没有明确的法律救济方式，大多数通过抗议、辞职等"非法"的手段进行，而鲜见有主张的法律维权。因此，我们必须建立起相应的法律救济制度，切实维护教师的权利。

三、教学自由权制度的建立必须同校情、国情相联系

中国教学自由权制度的本土化发展经历了移植日本、模仿德国到效仿美国的转变，期间还进行了移植法国大学区的短暂试验，在这个过程中，模仿德国主要推动力是蔡元培，转向美国则是郭秉文校长在东南大学以及同期其他大学校长的成功经验，而大学区的试验则又是蔡元培一己之力的推动。到 1929 年之后，随着《大学组织法》、《大学规程》以及相关法规和条令的颁布施行，我国近代大学制度基本确立。在宏观方面，进一步强化高度集权的国家管理体制，确立了政府管理中的行政运行机制，形成了多样化、多层次的高等学校及人才培养体系。

在大学制度微观方面，近代大学校长们在各自学校内部所进行的卓有成效的管理活动，无不建立在制度建设的基础之上，从而形成了有限自治下的近代大学内部管理制度。从主观上来说，蔡元培追求的是制度建设，不管是创设评议会作为全校最高的立法和权力机构，还是采用分系制、成立各系的教授会等思路，都反映出蔡氏对制度建设的重视，譬如他设想按学校的行政、教务和事务方面分别设各种相关的委员会，由教授分别领导，统一管理，以为这样就可以达到制度的

完善了。用他自己的话来说就是："照此办法，学校的内部，组织完备，无论何人来任校长，都不能任意办事。即使着德国办法，一年换一个校长，还成问题吗?"①

后来的事实证明，蔡元培的改革，提高了行政效率和教学质量，促进了学校的快速发展。五四运动中，蔡元培迫于军阀势力压迫，离职出京，北大虽群龙无首，运动此起彼伏，但秩序井然，就是因为蔡元培建立的评议会和教授会起了积极的作用。正如一位学生所言："蔡校长迫而南下，幸有本校评议会、教授会共维校务，而同人等亦各本素日之修养照常力学，故未致以一人之去而令全校瓦解。"② 张伯苓认为学校不是校长的，是大家的学校，提出"责任分担、校务分掌、健全制度、定时做事"的民主管理模式。梅贻琦更是将蔡元培所倡导的"教授治校"制度在清华实行得最为彻底，真正做到不因校长一人去留而影响学校的发展。

由此可见，民国大学重视制度建设，为教学自由的实现提供了坚实而稳定的保障。这一方面同当时的大学校长们积极学习国外先进的教学自由权制度，不故步自封有关；另一方面也与他们将教学自由权制度的建立与校情和国情相联系，注重因地制宜有关。下面，我们就以当时中国最早的两所国立大学北京大学和东南大学的教学自由权制度的建立历程为例来说明这一问题。

北京大学与东南大学改革所倡导的不同制度模式不仅是源于两种不同的制度原型，而且是基于两校实际情况所进行的探索。当然，这主要是由于当时相对自由的办学环境，加上精英人物的推动，才使大学自主制度建构成为可能。北京大学在蔡元培之前，虽进行过许多改革，但北大依然是封建思想和官僚习气十分浓厚的学校。因此，蔡元培对北大的改革首先从转变学校的性质开始，努力使北大从官僚养成所变成研究高深学问的地方。由此他所实行思想自由、兼容并包的办学方针，从不拘一格延揽名师到实施"教授治校"、"政学分离"等

① 高平叔：《蔡元培教育论集》，湖南教育出版社 1987 年版，第 247 页。
② 周天度：《蔡元培传》，人民出版社 1984 年版，第 191 页。

一系列制度创新都是围绕办学目标和任务展开。在改革学校领导体制的同时，蔡元培从大学应研究高深学问的宗旨出发，对北大的学科体制和学术组织制度也进行了重大改革。深受德国大学学术体制的影响，在蔡元培关于"学"与"术"的思想中，更重视和推崇"学"，即"纯粹的科学"的研究。

因此，他在改革北大学科体制时，首先是扩充文、理两科，致力于将北大办成文理科的综合性大学，办成全国研究学理的中心，而将"术"性学科即应用性学科独立或并入单科性大学。1919年，北大正式"废科设系"，其旨在拓宽学生的知识基础；1922年成立第一个近代大学研究所——国学研究所，以培养高层次的研究人员。这样北京大学走向一条教学与科研相结合的教学自由之路。

与北京大学相比，东南大学在成立之初就面临着办学经费的困窘状况，郭秉文仿照美国大学体制成立校董会，其最初动机是募集资金、争取社会多方面的支持。之后，董事会的职能逐渐拓展，并通过1924年修订的大学章程使之成为东南大学最高的立法和决策机构。在学术组织制度建设上，郭秉文对系科设置有自己独特的理解，他认为，大学应以密切联系社会、服务社会为宗旨，一所大学既要重视文理，也要注重致用，还可造就师资，多科并重，相得益彰。在郭秉文主持下，东南大学成为一所集文、理、工、商、教育等多学科并存的真正综合性大学。同时，各系科都要求注意面向社会，为社会服务，做到教育、科研、推广三者并重。可见，东南大学的改革带有更多的美国色彩。

蔡元培、郭秉文分别在北京大学、东南大学的改革是20世纪20—30年代我国进行现代大学制度多元化探索的典型代表。这些以西方大学制度为范本，并结合自身实际情况的制度创新，奠定了中国现代大学制度的基本框架。那么为什么在这个时期实现了中国大学从传统向现代的快速转型？为什么欧美大学制度对中国大学有如此重要的影响？其实说来相当简单，在现代化过程中，不发达国家向发达国家学习，落后国家向先进国家学习，本是人类取长补短的明智之举。因为"在近代，特别是现代世界，哪一个民族能够最迅速、最理智、最直接地利用当代人类智慧的最高创造，哪个国家就能够进到世界前列"。①

落后国家学习先进国家以实现现代化，大致可分为两种模式：一种是以国家或政府为主导的现代化变迁；另一种是以局部的群体（组织）或有识之士所推进的现代化变迁，前者属于"突变模式"，后者属于"渐进模式"。从比较的视野看，中日两国在近代几乎是同一时期迈向现代化之路的，日本由于强力政府的推进而迅速实现了高等教育现代化，而近代中国则由于中央政府控制能力趋弱，或由于忙于军阀混战，致使政府无暇顾及教育，但从积极方面来讲，这也为中国近代大学的自主发展预留了些许自由主义的空间。

因此，中国对欧美大学观念的接受是发自学者个人的体认，并在学者力所能及的范围内渐进推动大学制度现代化的，② 而不是政府强力推动的结果。当然，这种现代化模式在一定程度上契合了大学发展以及制度建构的内在规律，从而也使中国大学在走向现代化之初就吸收了西方大学制度的基本精华。但值得注意的是这种大学制度的自主性建构和基于个人魅力的实践探索，既是优势，同时也是劣势所在，尤其是在大学现代化的起步阶段更是如此。中国现代大学制度有充满活力的童年，而童年的活力中途几近夭折，没有成长为青年和壮年。究其原因，一是近代现代大学制度的成功实践往往和某个人的魅力和人格联系在一起，这些人的去留决定了所在大学的命运；二是军阀混战，政府无暇顾及教育发展，即使在南京国民政府成立后，也少有精英实权人物意识到发展教育之重要，从而也就使大学制度探索的成功经验得不到坚持和推广。我国当代教学自由权制度的建设也必须与中国的国情相联系起来，循序渐进逐步剔除不利于教学自由权保障的因素，对有利因素进行吸纳和改造，这样才能建设成有中国特色的社会

---

① 转引自叶隽：《近代德国大学对中日两国的影响》，载《高等教育研究》2002 年第 9 期，第 100 ~ 103 页。

② 参见叶隽：《近代德国大学对中日两国的影响》，载《高等教育研究》2002 年第 9 期，第 100 ~ 103 页。

主义教学自由权制度。

第四节　处理好教学自由权与其他价值理念的关系

一、社会各界应营造有利于教学自由的大气候

大学作为社会的一个子系统，自然会受到整个社会学术自由大气候的影响，社会学术自由的氛围越浓，大学教学自由度越大，大学就会越活跃，反之亦然。要在全社会形成一种良好的教学自由氛围，笔者以为，以下几个方面是必不可少的：一要端正学术研究的态度，树立科学的学术价值观；二要尊重知识，尊重人才；三要具有宽容精神。

1. 加强宣传和沟通，端正学术研究的态度，树立科学的学术价值观

学术自由倡导的基本理念，就是让学者摆脱世俗偏见、冲破思想禁区等不利因素的影响，追求学术自身的价值。学术的价值，不仅在于为社会经济发展提供服务，更在于不断探求真理，发展真理。现在社会上对于学术研究的态度，是看能不能产生直接经济效益，这是对学术的误解，是传统文化和市场经济理念共同作用的结果。因此，不仅政府部门要加强宏观调控和引导，高校、学者和社会大众也要加强沟通，在社会上树立正确的学术价值观。对学者而言，在评价学术成果时，不应将经济利益作为直接的唯一的目标，不为经济利益牺牲学术。培养正确的是非观，敢于对现有科学理论表示怀疑。因为对真理的追求，本身就是在不断否定前人的基础上取得成功的；对社会公众而言，要转变经济利益至上、急功近利的观念，不再以经济效益作为对大学价值的唯一衡量标准。思想上重视学术自由，经济上支持学术自由、营造有利于学术自由的社会大气候。

在我国历史上，春秋时期的"百家争鸣"，唐宋时期书院讲学的发达，一个重要原因就是学者思想自由的交流，对学问的不断探索。到现代，蔡元培在北大倡导兼容并蓄，鼓励不同学派的学者自由讨论

学术问题，从而引领北大成为国内一流大学。相反，在春秋战国之后相当长一段时间，由于封建专制思想的禁锢，社会对知识分子的歧视，学术自由遭受严重打击。从秦始皇的焚书坑儒，到清初的文字狱以及新中国成立后的反右斗争和"文化大革命"等，整个社会以学问为害，知识分子的命运可谓惨不忍睹。在这样的社会风气之下，谁还有雅兴去谈学术，谁还敢去追求教学自由？因此，必须要解放思想，敢于批判不合理的现象，才能在整个社会形成教学自由的大环境。

以上正反两方面的事实说明，社会教学自由风气的形成对大学的发展、学者自身的发展都起着重要的作用。正如阿什比所说的那样，"学术自由和学术自治，在最终意义上，都是依赖民意的。唯有当民意了解到大学是什么，并予以尊重时，学术自由和学术自治才能获得保障"。① 这个最终意义上的"民意"指的就是社会学术环境的构建。

2. 尊重知识，尊重人才

尊重知识，尊重人才，首先就要尊重知识分子的人格。知识分子只有在获得了人的尊严和自尊的条件下，才能够将自己的思想自由地表达出来。如果知识分子连最起码的人格都得不到尊重，他的成果如何向世人展示，他又如何能长期坚持自己的学术道路？"文革"中，许多学术研究者被批被斗，被关"牛棚"，在这样的环境中，学者还有什么自由可言，又怎么能静心做学问？

其次，要尊重知识分子的创造性成果。研究者都很看重自己的学术成果，根据人的需要层次理论，如果他的成果被世人所肯定，就是学者的自我价值得到了体现，精神上得到了满足，会进一步激发学者的创造欲望和热情。除了给予知识分子的劳动价值以肯定外，还要给予其相应的物质条件。知识分子只有得到了尊重，才能享有学术自由；只有拥有了学术自由，才能在学术上有所建树。在一种怀疑和不

---

① Eric Ashby. Universities: British, Indian, African, A Study in the Ecology of Higher Education. Harvard University Press, 1966: 293.

信任的气氛中，学术是得不到繁荣的。

3. 要宽容失败

社会不仅要理解学术研究者的特殊言行，更重要的是要对其失败给予宽容，给予理解和支持。许多学者的成功是在经历无数次失败后取得的。美国学者加斯顿在《科学的社会运行》一书中曾提道："成千的科学家，他们每周工作 60～80 小时，他们每天在其研究工作中由于遇到无法解决的问题而面临失败，在这种时刻，他们更可能会去自杀而不是欺骗，杂志读者永远不会看到，电影也不会去拍这些东西。"① 作为学者，为取得对人类有重大贡献的成果，他们承受了常人难以想象的精神压力，承受着无数次失败的痛苦。因此，社会要正确对待学者的失败，让学者重新拾回战胜困难的勇气，为取得最终的成功而努力。

二、实现国家控制与大学自治的平衡

纵观国内外大学发展史，自民族国家建立以来，大学与政府的关系就越来越密切，政府不仅是大学最主要的资金来源，而且出于利益的需求政府也是大学最主要的干预者和控制者，随着政治权力的不断渗透，科层化、政治化的趋势已经成为现代大学建构的绊脚石，回归自治的理念、脱离政治的舞台成为大学体制改革的必然要求。从权力制衡的角度出发，中国现行大学制度的弊端主要表现为：大学是政府的隶属机构，缺少学术独立的精神品质。长期以来，中国政府与大学之间已经形成一种领导与被领导、支配与被支配的上下级关系，这种制度对大学发展的影响是，大学的思维逻辑不是依靠学术逻辑而是行政逻辑，大学的权力结构不是依靠学术权威而是行政权威，行政化体制将大学的管理直接等同于政府的行政管理模式。按照行政规则行事，大学的学术权力被政府权威挤占，学术自由、大学自主的精神缺失，以及生命力的缺失将严重制约其社会职能的实现。中国科学院院

---

① ［美］杰里·加斯顿：《科学的社会运行》，顾昕等译，光明日报出版社 1988 年版，第 56 页。

士、南方科技大学（筹）校长朱清时也指出，中国大学的弊端在于，大学如同行政机构，行政权力成为推动大学发展的决定力量，由此形成了行政权力干预学术的局面，而改变这种局面，必须遵循"大学自治与学术自由"为基本理念，明确政府与大学的权界是推动高等教育改革，建立现代大学制度的可行路径。

长期以来，我国的教授治校和校长治校是失衡的，学术权力和行政权力基本上都集中在行政主管人员手中，在很多重要的学术事务方面教师几乎没有什么发言权。比如新进教师的聘用基本上由聘用单位的行政领导说了算；教师的职称晋升虽然由校学术委员会或教师晋升委员会做出，而且这类委员会的成员通常都有教授头衔，但在晋升决定做出的过程，他们更多的是以各院系行政领导的身份出现的。

要校正我国学术权力与行政权力的失衡状态，我们必须要建立起系、院、校各级教授会或学术委员会，尤其承担起相应级别的学术管理事务，同时建立起与相应行政管理级别的制衡机制。比如在实行外部同行匿名评审的学校，系一级的学术委员会或教授会要先审议外部同行的评议书，并考核候选人的教学、社会服务等工作成绩，然后根据自己的学术判断决定是否向上一级学术委员会或教授会提交该候选人的晋升决定，系主任当然可以否决系学术委员会或者教授会的晋升决定，但这份否决的晋升决定依然要向上提交，由院学术委员会或教授会与院长去裁决。系主任的否决权体现了行政权力对学术权力的制衡，但系学术委员会或教授会否决的晋升决定而系主任赞同的晋升决定不得向上提交，这体现了学术事务由教师主导的原则。

三、"知识本位"与人才培养观念的结合

所谓知识本位价值观，其实质是主张大学的"基本价值在于知识创新，学术探求，科学研究"。① 众所周知，18 世纪之前，人才培

---

① 胡建华等著：《高等教育学新论》，江苏教育出版社 2000 年版，第 177 页。

养是大学的唯一职能，大学是知识传播、并非是知识创新的主要场所。随着 18 世纪欧洲工业革命的开始，科学技术在社会发展中起着越来越重要的推动作用，人们把目光逐渐转向了大学。知识本位的大学理念正是随着科学研究逐渐成为大学教师与大学的主要工作与任务后才开始出现的，并且带来了大学职能的拓展，实现了西方大学理念的突破。

明确提出这一价值取向并付诸实践的，当首推柏林大学创办者洪堡，在洪堡之后最著名的人物之一，则是美国思想家、哲学家、教育家弗莱克斯纳（Abraham Flexner）。在洪堡看来，大学应当专注于科学研究，并最好是"纯科学"的研究。除了与国家的外在联系之外，大学实际上最主要的就是要满足那些把身外的闲暇或内心的追求用于科学和研究的人们的精神生活。而且这些人志趣各异，有的独自苦思冥想，有的与同辈人交往，还有的与青年人为伍。① 大学教师和学生都是高深学问的探索者，为学问而存在。洪堡对科学研究高度重视的思想对后世影响很大。

但到 20 世纪初，"威斯康星理念"在实用主义哲学大行其道的美国颇受推崇，甚至一些著名的研究型大学也纷纷效法，开展各种形式的社会服务活动。然而，有些大学的社会服务目的性和功利色彩过于浓厚，甚至危及大学站在公正和客观的角度分析问题的立场。在这种情况下，弗莱克斯纳鲜明地提出，大学应当是学问的中心，致力于保存和增进知识。他在其著作《美国、英国、德国的大学》中认为，"不管留下多大的余地去考虑民族传统或性格的不同，我们注意到，学者和科学家都会以某种适当的方式去主要关心四件事情：保存知识和观念；阐释知识和观念；追求真理；训练学生"。② 他指出，保存和阐释知识与观念一直以来都是大学的主要职能，"现代大学应当全

①　［德］威廉·冯·洪堡：《论柏林高等学术机构的内部组织和外部组织》，陈洪捷译，载《高等教育论坛》1987 年第 1 期。

②　Abraham Flexner. Universities：American，English，German. New York：Oxford University Press，1930：6.

心全意、毫无保留地促进知识的发展，研究各种学问，培养后继人才"。① 多弗莱克斯纳认为，人类社会的进步需要发展科学，需要更多的理论成果的出现。而科学知识的发现和理论成果的产生需要研究者的合作以及优良的研究环境和设施，这种责任不能交给其他人，"唯一可以信托的是大学。大学必须给思想家、科学家、发明家、教师和学生提供庇护并促进他们的发展，使他们免于世俗事务的干扰，探寻社会生活中的各种现象并努力发现其真谛"。"（学问）受即刻功用的干扰因素越少，它们对人类福祉和现代社会智力生活作出的贡献就越大。"② 他同时认为，大学在协调与社会关系的过程中，有时显得反应不够迅速，甚至被认为是"滞后"，然而，这种"滞后"是必要的，正是这种"滞后"使得大学与社会保持一定的距离。"大学不是一个风向标，对社会任何流行的风尚都作出反应，大学必须时常给予社会所需要的东西，而不是社会所想要的东西。"③ 这一观点实际上表明了弗莱克斯纳对当时流行的服务社会的大学理念的质疑。他认为，大学应该是并仅仅是从学术或理论的层面去研究问题，不能陷入具体的事务中去。"大学的职能是增进知识和培养人才，社会服务的合同和责任一旦超出了一定的范围，对大学是有害的，对社会也同样有害。"④

　　虽然从洪堡、弗莱克斯纳等人的大学论说中也可以看出，知识本位价值观虽然不否认大学具有人才培养价值和社会服务的职能，但在实践中实际上更强调大学的知识创新、学术探求、科学研究的作用。知识本位价值取向的产生与 18 世纪以来科学技术的快速发展、并在

---

① Abraham Flexner. Universities: American, English, German. New York: Oxford University Press, 1930: 24.

② Abraham Flexner. Universities: American, English, German. New York: Oxford University Press, 1930: 10.

③ Abraham Flexner. Universities: American, English, German. New York: Oxford University Press, 1930: 3.

④ Abraham Flexner. Universities: American, English, German. New York: Oxford University Press, 1930: 6.

社会生活中发挥着越来越大的能量不无关系，而这种价值取向产生之后在世界范围内对高等教育产生了广泛的影响，并带来了教师晋升标准上的某些偏差。

例如，在整个 19 世纪并延续到 20 世纪初，大约有 1 万多名美国青年赴德国留学并学成回国，他们中的许多人在大学任教并广泛传播德国大学尤其是柏林大学"教学与研究相统一"、"学术自由"等思想。1876 年，依照德国模式把研究生教育和科学研究放在第一位的霍普金斯大学正式创立后不久，由于它科学研究上的成功表现，竟然促使哈佛、耶鲁等传统大学也纷纷效仿，发生了理念上的转变和模式上的转型。而新建的大学，如克拉克大学、芝加哥大学、斯坦福大学等，更是以它为样板，努力提升自己的研究性。在这些大学当中，大学教师要想获得晋升，最重要的就是研究成果，并且在这些大学转型或创办的初期，还与当时的德国大学研究取向十分接近：更重视那些似乎与现实生活毫不相干的"纯粹的研究"。而人才培养或者说教学，只是大学教师将研究成果进行传播的一种手段，并非最重要的条件。

这种对研究的重视对英国也产生了很大的影响。自中世纪以来，英国高等教育为牛津和剑桥大学所垄断，而直到 19 世纪初，两校仍然崇尚古典学科，拒绝新学科和科学研究，以致有人认为，在 1830 年以前，英格兰没有科学专业，也没有任何从事科学事业的机构。① 1836 年，在来自政治界、学术界等社会各界人士，如政治家布鲁厄姆（HenryBrougham）、休姆（JosephHume），哲学家、教育家边沁（JerenyBentham）、斯宾塞、赫青黎，诗人坎贝尔（ThomasCampbell）等人的呼吁声中，伦敦大学成功创办。伦敦大学的办学理念和模式基本上反映了社会各界对新大学要不同于牛津和剑桥而要增加研究能力的设想和愿望。因此，伦敦大学在课程设置上比较宽泛，包括物理学、数学、心理学、历史、法律、医学、语言等近代自然科学和实用

① Willis Rudy. The University of Europe, 1100—1914, A History. Associated University Press, 1984：128.

学科以及后来增设的比较文学、经济地理、政治经济学、美术和建筑等专业，既反映了近代自然科学和实用技术的发展要求，更重要的是将神学排除在学校课程之外。同样，在教师晋升上，伦敦大学更看重的是教师的研究能力和研究成果，以至在英国著名物理学家、伦敦大学教授贝尔纳（J. D. Bemal）看来，在 19 世纪中后期，英国完成的基本科研工作约有 4/5 是在大学实验室里进行的。①

在当代，普遍的状况是，对研究的重视事实上导致了对人才培养的忽视。我国当前许多大学尤其是研究型大学中有着与国外大学相类似的情况，对科学研究的重视明显高于对教师人才培养能力的要求。即便在以教学为主的大学以及本科以下的高等学校，研究能力和研究成果在某种程度上也已演变为获得晋升最重要的依据，而与此同时，大学教师人才培养的能力在晋升过程中也弱化为上足课时即可。本科生抱怨教授不给他们上课，给他们上课的教师教学又不够认真或水平有所欠缺，以至于国家要通过榜样示范和文件强制的形式要求教授给本科生上课。导致这种失衡的主要原因在于，从学校的角度来说，竞争力和声望的高低主要不是取决于教师当前的教学水平，而是教师的研究水平、成果及其知名度。尤其在研究型大学发展过程中，高水平的师资至关重要，因为"大学的声誉依赖于它所聚集起来的教师和学者的声望"。② 与教师当前的学术成果所产生的效应相比，学生走出校门之后的成材不仅周期更长，而且有着个人努力、机遇等众多不确定性因素的影响，不一定被认为只是哪一所学校所起的作用。而与此相对的是，只有良好的声望才能吸引更多的资金和更好的学生。对教师来说，上不好课可能会受到某种批评，也不受学生欢迎；但出不了成果则可能带来职称晋升的停滞、学术声望的冷落、福利待遇的下降，甚至将来有可能叫你走人。两者相比，孰轻孰重，一目了然。

---

① 参见贺国庆等著：《外国高等教育史》，人民教育出版社 2003 年版，第 217 页。

② John S. Brubacher, Willis Rudy. Higher Education in Transition: An American History: 1636-1956. Harper & Pow Publisher, 1958: 176.

参 考 文 献

著作

[1] ［捷］夸美纽斯：《大教学论》，傅任敢译，人民教育出版社 1984 年版。

[2] ［英］昆廷·斯金纳：《自由主义之前的教育》，李宏图译，上海三联书店 2003 年版。

[3] 刘小枫、陈少明主编：《古典传统与自由教育》，华夏出版社 2005 年版。

[4] ［德］雅斯贝尔斯：《什么是教育》，邹进译，三联书店 1991 年版。

[5] ［美］亚历山大·汉密尔顿等：《联邦党人文集》，商务印书馆 1980 年版。

[6] ［英］约翰·洛克：《教育片论》，熊春文译，上海世纪出版集团 2005 年版。

[7] ［英］约翰·密尔：《论自由》，许宝骙译，商务印书馆 1959 年版。

[8] ［英］泽格蒙特·鲍曼：《自由》，杨光等译，吉林人民出版社 2005 年版。

[9] 王道俊、王汉澜主编：《教育学》，人民教育出版社 1989 年版。

[10] 王道俊、扈中平主编：《教育学原理》，福建教育出版社 1998 年版。

[11] 华东师范大学教育系编：《列宁论教育》，人民教育出版社 1990 年版。

[12] 袁振国主编：《当代教育学》（修订版），教育科学出版社 1999 年版。

[13] 顾明远主编：《教育大辞典》（增订合编本），上海教育出版社

1998 年版。

[14] 陈桂生：《学校教育原理》，湖南教育出版社 2000 年版。

[15] 鲁洁主编：《教育社会学》，人民教育出版社 1990 年版。

[16] 吴康宁：《教育社会学》，人民教育出版社 1998 年版。

[17] 吴康宁：《转向教育的背后—吴康宁教育讲演录》，华东师范大学出版社 2008 年版。

[18] ［德］黑格尔：《法哲学原理》，范扬等译，商务印书馆 1996 年版。

[19] 华东师范大学教育系编：《马克思恩格斯论教育》，人民教育出版社 1986 年版。

[20] 纪坡民著：《自由与道德》，河南人民出版社 2002 年版。

[21] ［英］杰弗里·托马斯：《政治哲学导论》，顾肃等译，中国人民大学出版社 2006 年版。

[22] 金生鈜著：《德性与教化》，湖南师范大学出版社 2003 年版。

[23] 金生鈜著：《规训与教化》，教育科学出版社 2004 年版。

[24] ［德］卡尔·施米特：《政治的概念》，刘宗坤等译，世纪出版集团 2004 年版。

[25] 熊明安著：《中国高等教育史》，重庆出版社 1988 年版。

[26] 郑世兴著：《中国现代教育史》，台湾三民书局 1981 年版。

[27] 甄树青：《论表达自由》，社会科学文献出版社 2002 年版。

[28] 中共中央文献研究室编：《邓小平论教育》，人民教育出版社 1995 年版。

[29] 李步云：《宪法比较研究》，法律出版社 1998 年版。

[30] 王世杰、钱端升：《比较宪法》，商务印书局 1999 年版。

[31] 夏勇主编：《走向权利的时代》，中国政法大学出版社 1995 年版。

[32] 龚祥瑞主编：《法治的理想与现实》，中国政法大学出版社 1993 年版。

[33] 崔相录，劳凯声：《教育法实务全书》，宇航出版社 1995 年版。

[34] 陈鹏、祁占勇：《教育法学的理论与实践》，中国社会科学出版

社 2006 年版。

[35] 陈立鹏、刘新而：《中国教育法律解读》，机械工业出版社
2002 年版。

[36] 冯大鸣、吴志定：《教育管理学教学参考读本》，华东师范大学
出版社 2002 年版。

[37] 顾明远：《外国教育督导》，人民教育出版社 1993 年版。

[38] 郭据有：《英国的教育督导制度》，人民教育出版社 1998 年版。

[39] 郭齐家：《中国古代考试制度》，商务印书馆 1997 年版。

[40] 劳凯声：《中国教育法制评论（第 1、2、3 辑）》，教育科学出
版社 2003 年版。

[41] 霍益萍：《法国教育督导制度》，人民教育出版社 2000 年版。

[42] 郝铁川：《教育法基础》，上海教育出版社 1998 年版。

[43] 霍宪丹：《中国法学教育的发展与转型》，法律出版社 2004
年版。

[44] 康乃美、蔡炽昌：《中外考试制度比较研究》，华中师范大学出
版社 2002 年版。

[45] 劳凯声、郑新蓉：《教育法学概论》，湖北教育出版社 1996
年版。

[46] 劳凯声：《变革社会中的教育权与受教育权：教育法学基本问
题研究》，教育科学出版社 2003 年版。

[47] 劳凯声：《高等教育法规概论》，北京师范大学出版社 2000
年版。

[48] 刘冬梅：《教育法学问题研究》，中国档案出版社 2004 年版。

[49] 李晓燕：《教育法学》，武汉工业大学出版社 1992 年版。

[50] 刘海峰：《中国考试发展史》，华中师范大学出版社 2002 年版。

[51] 李金松：《教育督导学》，武汉工业大学出版社 1992 年版。

[52] 秦惠民：《走入教育法制的深处——论教育权的演变》，中国人
民公安大学出版社 1998 年版。

[53] 孙霄兵：《受教育权法理学：一种历史哲学的范式》，教育科学
出版社 2003 年版。

［54］温辉：《受教育权入宪研究》，北京大学出版社2003年版。

［55］夏勇：《人权概念起源——权利的历史哲学》，中国政法大学出版社2001年版。

［56］向宏业：《现代教育督导学》，湖南教育出版社1995年版。

［57］湛中乐：《高等教育与行政诉讼》，北京大学出版社2003年版。

［58］季苹：《美国公立学校的发展研究》，高等教育出版社2002年版。

［59］丁尧清：《学校社会课程的演变与分析》，广东教育出版社2005年版。

［60］［美］艾伦·C. 奥恩斯坦、费朗西斯·P. 汉金斯、柯森等译：《课程：基础、原理和问题》，江苏教育出版社2002年版。

［61］［美］劳伦斯·阿瑟·克雷明：《学校的变革》，单中惠、马晓斌译，上海教育出版社1994年版。

［62］［美］伍德林：《"自由教育"作为基本目的》，载瞿葆奎、丁证霖：《教育学文集·教育目的》，人民教育出版社1989年版。

［63］丁尧清：《学校社会课程的演变与分析》，广东教育出版社2005年版。

［64］沈晓敏：《社会课程与教学论》，浙江教育出版社2003年版。

［65］王啸：《全球化时代的中国公民教育》，福建教育出版社2006年版。

［66］胡卫主编：《民办教育的发展与规范》，教育科学出版社2000年版。

［67］霍益萍：《近代中国的高等教育》，华东师范大学出版社1999年版。

［68］金以林：《近代中国大学研究》，中央文献出版社2000年版。

［69］李定开：《抗战时期重庆的教育》，重庆出版社1995年版。

［70］李国钧、王炳照主编：《中国教育制度通史》，山东教育出版社2000年版。

［71］孟宪承：《大学教育》，商务印书馆1931年版。

［72］宋秋蓉：《近代中国私立大学研究》，天津人民出版社2003

年版。

[73] 田正平：《留学生与中国教育近代化》，广东教育出版社 1996 年版。

[74] 王炳照主编：《中国私学·私立学校·民办教育研究》，山东教育出版社 2002 年版。

[75] 阎广芬：《经商与办学——近代商人教育活动研究》，河北教育出版社 2002 年版。

[76] 朱国仁：《西学东渐与中国高等教育近代化》，厦门大学出版社 1996 年版。

[77] ［加］许美德：《中国大学 1895—1995：一个文化冲突的世纪》，许洁英译，教育科学出版社 2000 年版。

[78] ［美］费正清、费维恺编：《剑桥中华民国史（1912—1949）》，中国社会科学出版社 1994 年版。

[79] 陈桂生：《中国民办教育问题》，教育科学出版社 2000 年版。

[80] ［日］大田尧：《战后日本教育史》，王智新译，教育科学出版社 1993 年版。

[81] 联合国教科文组织：《1993 年世界教育报告》 （中文版）1994 年。

[82] 王智新：《当代日本教育管理》，山西教育出版社 1995 年版。

[83] 陈永明：《当代日本私立学校》，山西教育出版社 1996 年版。

[84] 邱生：《当代日本教育改革与教育立法》，辽宁教育出版社 1989 年版。

[85] 梁忠义：《战后日本教育研究》，江西教育出版社 1993 年版。

[86] 王桂：《日本教育史》，吉林教育出版社 1987 年版。

[87] 杜作润等：《高等教育的民办和私立》，上海科学技术文献出版社 1993 年版。

[88] 李桂林主编：《中国教育史》，上海教育出版社 1989 年版。

[89] 俞启定、施克灿主编：《中国教育制度通史》（第 1 卷），山东教育出版社 2000 年版。

[90] 孟宪承等编：《中国古代教育史资料》，人民教育出版社 1961

年版。

[91] 郭齐家:《中国古代的学校和书院》,北京科学技术出版社 1995 年版。

[92] 丁钢、刘琪:《书院与中国文化》,上海教育出版社 1992 年版。

[93] 陈谷嘉、邓洪波主编:《中国书院史资料》,浙江教育出版社 1998 年版。

[94] 晋文:《以经治国与汉代社会》,广州出版社 2001 年版。

[95] 孟宪承等编:《中国古代教育史资料》,人民教育出版社 1980 年版。

[96] 梅汝莉:《中国教育管理史》,海潮出版社 1995 年版。

[97] 吴霓:《中国古代私学发展诸问题研究》,中国社会科学出版社 2001 年版。

[98] 单宝:《中国管理思想史》,立信会计出版社 1997 年版。

[99] 孙培青:《中国教育管理史》,人民教育出版社 1996 年版。

[100] 房列、曙木华:《中国文化史纲》,科学出版社 2001 年版。

[101] 毛礼锐、沈灌群:《中国教育通史》,山东教育出版社 2005 年版。

[102] 苗春德主编:《宋代教育》,河南大学出版社 1992 年版。

[103] 刘虹:《中国选士制度史》,湖南教育出版社 1992 年版。

[104] 苗书梅:《宋代研究丛书》,河南大学出版社 1996 年版。

[105] 谢励武、王予民:《中国蒙学精华研究》,河南大学出版社 1993 年版。

[106] 杨少松、周毅成:《中国教育史稿》,教育科学出版社 1989 年版。

[107] 姜朝晖:《民国时期教育独立思潮研究》,中国社会科学文献出版社 2008 年版。

[108] 骆四铭:《中国学位制度:问题与对策》,华中科技大学出版社 2007 年版。

[109] 教育部编:《第一次中国教育年鉴》,开明书局 1934 年版。

[110] 教育部编:《第二次中国教育年鉴》,商务印书馆 1948 年版。

［111］高奇主编:《中国教育史研究·现代分卷》,华东师范大学出版社 1994 年版。

［112］李华兴主编:《民国教育史》,上海教育出版社 1997 年版。

［113］霍益萍著:《近代中国的高等教育》,华东师范大学出版社 1999 年版。

［114］谢泳:《西南联大与中国现代知识分子》,湖南文艺出版社 1998 年版。

［115］谢泳:《教授当年》,百花文艺出版社 1998 年版。

中文论文

［1］杜力夫、王心明等:《论国家教育权的内容和结构》,载《航海教育研究》2000 年第 2 期。

［2］李俊:《发达国家与发展中国家成人教育制度的比较研究》,载《教育科学研究》1999 年第 5 期。

［3］曲铁华等:《中国近代高等教育的发展演变及反思》,载《河北师范大学学报（教科版）》2003 年第 3 期。

［4］熊明安、赵正:《从〈华西医科大学校史〉谈中国近现代高等教育发展的特点》,载《四川师范学院学报》1993 年第 6 期。

［5］熊志翔:《试论清末高教体制的革新与运动》,载《佛山大学学报》1994 年第 5 期。

［6］席龙飞:《中国现代高等教育最早的发祥地》,载《文史知识》1994 年第 11 期。

［7］王建军:《论近代广东高等教育发展的历史趋势》,载《华南师范大学学报》1995 年第 2 期。

［8］朱国仁:《评清末"新政"时期的高等教育改革》,载《辽宁高等教育研究》1995 年第 4 期。

［9］潘国琪:《1927—1937 年南京国民政府的教育立法当议》,载《浙江社会科学》1996 年第 1 期。

［10］李是:《略论南京国民政府初期的高等教育立法》,载《清华大学教育研究》1997 年第 2 期。

［11］秦国柱：《民国时期广东高等教育的沿革及评析》，载《五邑大学学报》1997 年第 2 期。

［12］杨同毅：《1927—1937 年国民政府教育立法体系探析及启示》，载《吉林教育科学·高教研究》1997 年第 3 期。

［13］朱国仁：《西方高等教育的传播与中国近代高等教育的形成》，载《高等教育研究》1997 年第 4 期。

［14］沈岚：《简论抗战时期国民政府的高等教育政策》，载《民国档案》1998 年第 2 期。

［15］童富勇：《论国民政府初期的高等教育改革》，载《杭州大学学报》1998 年第 3 期。

［16］乌尽志辉：《中国教育的现代化与制度创新》，载《华东师范大学学报》（教科版）1998 年第 4 期。

［17］李硕豪：《梅贻琦的高等教育思想和办学实践》，载《高等教育研究》1998 年第 4 期。

［18］陈武元：《日本高等教育与经济发展的关系》，载《清华大学教育研究》1999 年第 3 期。

［19］陈武元：《日本大学评价的现状与改革动向》，载《中国高教研究》1999 年第 4 期。

［20］［日］天野郁夫著，陈武元译：《日本的大学改革——在美国化与市场化的中间》，载《比较教育研究》2000 年第 3 期。

［21］陈武元：《日本高等教育政策与私立大学的大发展》，载《清华大学教育研究》1998 年第 3 期。

［22］黄福涛：《国际私立高等院校管理模式研究——历史与比较的视角》，载《清华大学教育研究》1999 年第 3 期。

［23］郝建平：《20 世纪以来汉代教育研究综述》，载《中国史研究动态》2005 年第 6 期。

［24］于盛庭：《关于孔子首创私学的问题》，载《徐州师范学院学报》1979 年第 4 期。

［25］王越：《论先秦私人讲学之风，不始自孔子》，载《中山大学学报》1957 年第 1 期。

［26］孙叔平：《由学在官府到学下私人是历史的进步》，载《教育研究》1980 年第 4 期。

［27］周广增：《略谈我国秦汉时期的教育》，《九江师专学报》，1985 年第 3 期。

［28］李军：《论秦汉时期的私学》，《上海社会科学学院学术季刊》，1993 年第 3 期。

［29］郝建平：《试论汉初的教育思想》，载《西南师范大学学报》2005 年第 3 期。

［30］郝建平：《汉代教育特点略论》，载《阴山学刊》1994 年第 4 期。

［31］陈东原：《汉代之私学教育》，载《学风》第 5 卷，1935 年第 2 期。

［32］吴霓：《汉选举制度与私学的关系》，载《高等师范教育研究》1996 年第 1 期。

［33］庞桂美：《从历史角度反观社会文化背景下中国私学的发展》，载《内蒙古师范大学学报》（教育科学版）2001 年第 2 期。

［34］张思齐：《宋代——东方的文艺复兴》，载《重庆大学学报》（社会科学版）2001 年第 1 期。

［35］衷海燕：《宋元时期书院与理学的发展》，载《宁波大学学报》（教育科学版）2005 年第 2 期。

［36］钟景迅：《宋代书院的学术自由特色及其启示》，载《现代教育科学》2006 年第 2 期。

［37］陈恩伦：《论学习权》，西南师范大学 2003 年博士论文。

外文论著

［1］R. M. Hutchins. The Learning Society, New York. The University of Chocago Press, 1973.

［2］Max Weber. On Universities, Chicago and London The University of Chocago Press, 1973.

［3］Sameuel Eliot Morison. Three Centuries of Harvard. Harvard University Press, 1936.

[4] Henry J. Perkinson. Two Hundred Years of American Educational Thought. David Mckay Company, Inc. , 1976.

[5] Ronald Barnett. Higher Education: A Critical Business, Buckingham. SRHE and Open University Press, 1997.

[6] Paul Westmyer. A History of American Higher Education. Springfield, Illinois: Charles C Thomas Publisher, 1985.

[7] Theodoer R. Sizer. The Age of the Academies. N. Y. Bureau of Publications, Teachers College, Columbia University, 1962.

[8] Ron Eyerman. Intellectuals, Universities, and the State in Western Modern Societies, Berkeley, Los Angeles. London: University of California Press, 1987.

[9] Neill. Rudenstine, Pointing Our Thoughts: Reflections on Harvard and Higher Education 1991-2001, Combridge, Mass: Harvard University Press, 2001.

[10] Michael J. Hofstetter, The Romantic Idea of a University, Houndmils, Basingstoke, Hampshire RG21, New York, 2001.